고대사회에도 쿠데타가 있었는가?

역사는 항상 새롭게 다시 쓰인다.
따라서
모든 역사는 현재의 역사이다.

_칼 베커

고대사회에도 쿠데타가 있었는가?

조원진, 김진한, 이종록, 홍성화
박재용, 김희만, 최희준, 임상선
지음

틈새의시간

책을 내면서

E·H·Carr는 『역사란 무엇인가?』에서 역사는 '과거와 현재의 끊임없는 대화'라고 하였다. 과거의 역사적 사실은 있는 그대로 존재하지만, 현재를 사는 우리가 그것을 역사로 활용하지 않는다면, 끊임없는 대화는 단절되고 말 것이다.

역사학자 8명이 이번에 공동으로 『고대 사회에도 쿠데타가 있었는가?』라는 연구 결과물을 작성해서 내놓는다. 이 연구 성과는 과거사(過去事)에서 '쿠데타[coup d'État]'라는 항목을 추출하여, 그것이 역사에 어떠한 영향을 미쳤는지를 조명한 것이다. 책에서 다룬 시기는 고조선에서부터 시작하여 고구려·백제·신라·발해까지로 고대 사회를 총망라하였다.

고대 사회에서 '쿠데타[coup d'État]'라는 용어가 통용되었을 리 만무하기에, 때로는 '정변(政變)'이라는 개념으로 이를 순화하여 사용하였다. 이러한 사정은 각 시대를 연구하는 데 수반되는 어려움 중 하나로, 역사학자들이 고민에 고민을 거듭하는 배경이기도 하다. 이제 그 번뇌의 산물 일부를 단행본으로 발간한다. 미미하게나마 '과거와 현재의 끊임없는 대화'를 위한 하나의 다리를 마련한 셈이다. 역사, 특히 고대사에 관심이 많은 독자에게 일독(一讀)을 권하고 싶다.

어려운 시절, 이 책의 발간에 뜻을 모아준 연구자들과 '틈새의시간'에 고마운 마음을 전한다.

2024년 12월 4일
필자를 대표해서
김희만 씀

차 례

"위만의 정변, 한국사 최초의 왕조 교체를 이끌다."

위만의 정변 과정과 위만조선 건국

조원진

한양대학교 ERICA 문화재연구소 학술연구교수로 재직 중이다. 저서 및 논문으로 『고조선의 네트워크와 그 주변 사회』(공저, 주류성, 2022), 「위만조선-漢나라의 전쟁 양상」(『군사』 118, 2021), 「고조선 중심지의 변천을 바라보는 최근 시각」(『선사와 고대』 72, 2023), 「기자동래설의 성립 과정에 대한 검토」(『한국고대사연구』 109, 2023) 등이 있다.

위만의 정변 과정과 위만조선 건국

조원진(한양대학교 ERICA 문화재연구소 학술연구교수)

I. 시작하는 글

기원전 2세기 초 위만이 준왕을 몰아낸 사건은 문헌에 기록된 한국사 최초의 정변이다. 이 정변으로 인해 왕조가 교체되고 위만조선[1]이 성립되면서 한국사 최초로 왕조가 교체되었다. 위만조선의 성립은 외적의 침입이 아닌 내부의 신흥 무인 집단이 쿠데타를 일으켜 왕을 몰아내고 새로운 왕조를 개창하였다는 점에서 후대 이성계의 조선 건국과 유사한 점이 있다.

근대 일본학자들은 한국사를 왜곡하면서 위만정권을 중국계로 파악하여 그 성격을 중국민족(支那民族)의 나라라고 보았다.[2] 그리고 위만조선의 문화가 지배세력인 중원계 문화와 토착 원주민의 문화로 구성된다는 이른바 '이원적 종족 지배 구조'로 이해[3]하는 해석의 틀은 그대로 유지되고 있다.[4] 중국학계에는 최근 위만을 조선계 혹은 예맥계로 보는 견해를 비판하고 위만은 노관과 관련된 연도(燕都)의 연인(燕人)이며 나아가 위만조선은 한(漢)의 제후국이라는 견해가 제기되었다.[5] 북한학계는 『사기(史記)』에 위만의 성이 언급되지 않았으며, 위만이 고조선 주민들의 지지를 받아 정변을 일으켰고, 정권을 장악한 뒤에도 국호와 각종 제도를 그대로 유지했다는 점에서 조선계 인물이라고 보았다. 즉 위만은 연에게 점령당한 고조선 고토에 거주했던 고조선인이며 그가 세운 왕조는 '만조선'이라 불러야 한다고 하였다.[6] 한국학계에서는 위만을 조선계로 이해하는 연구가 나왔으며[7] 이에 대한 비판도 제기되었다.[8]

이처럼 위만의 출자와 위만조선의 국가 성격에 대해서는 논의가 계속되고 있다. 이는 사료가 한정되고 물질문화자료가 부족한 탓도 있지만, 위만의 정변으로 고조선이 무너졌다는 사실에 대한 연구가 충분하지 못했기 때문이기도 하다. 특히 위만을 조선계로 볼 경우 그가 오랫동안 연 지역에 머물면서 정체성을 유지할 수 있었을까 하는 문제에 대한 고민이 부족했다. 이에 이 글에서는 조선 망명 전후로 위만의 활동과 정변 과정을 좀 더 상세하게 살펴보고자 한다.

위만의 정변 과정은 『사기』 조선열전(朝鮮列傳)과 『위략(魏略)』, 『삼국지(三國志)』, 『후한서(後漢書)』 등에 기록되어 있으며 『위략』의 기사가 가장 자세하여 이를 바탕으로 연구가 이루어졌다. 위만의 망명 시기는 전한초로 보는 것이 일반적이지만 『후한서』에는 위만의 망명 시기를 진승의 난 무렵으로 기록하여 차이를 보이기도 한다. 위만의 망명 시점을 어느 시기로 보느냐에 따라 위만의 구체적인 정변 과정도 다르게 볼 여지가 있으므로 이에 대해서도 검토하려고 한다.

II. 위만의 등장은 동북방의 정세 변화와 관련된다

위만의 등장과 성장은 동북방 정세 변화와 밀접한 관련이 있다. 중원세력이 동북방에 진출한 것은 전국시대의 일이다. 이미 고조선과 연(燕)은 기원전 323년경 왕을 칭하며 대립하기도 했으나 전쟁으로 확산되지는 않았다. 하지만 소왕(昭王) 시기(기원전 311~279)에 전성기를 맞이한 연은 결국 고조선을 침공한다. 전쟁 결과에 대해『사기』조선열전은 진번(眞番)·조선(朝鮮)을 쳐서 복속시키고 관리를 두어 국경에 장(鄣)·새(塞)를 설치했다고 했으며『삼국지』한전에 인용된『위략』에서는 고조선이 서방 2천여 리의 땅을 빼앗기고 만번한을 경계로 삼게 되면서 약해졌다고 하였다.

전쟁 후 고조선과 연나라가 경계선으로 삼은 만번한은 연대의 지명이 아니라『한서』지리지(地理志)에 나오는 요동군의 속현인 문현·번한현을 의미하는 것으로 이해된다.[9] 만번한의 구체적인 위치에 대해서는 이견이 많지만 대체로 요동의 천산산맥 이서지역으로 비정된다. 즉 고조선의 서방 2천 리는 연나라가 설치한 5군 중에서 요서·요동군의 2군에 해당한다고 볼 수 있다.[10]

문헌에 나타난 이러한 정세는 고고학 자료를 통해서도 확인된다. 기원전 3세기에 연문화가 확산되면서 요서지역은 전역을 장악한다. 반면 요동지역은 요동군의 중심이 있었던 것으로 알려진 요양을 비롯해 천산산맥 이북지역은 연계 무덤이 조성되었지만, 요동 천산산맥 이남과 이동지역은 토착계 문화가 유지되고 있다.[11] 이것은 만번한의 위치를 천산산맥 이서지역으로 파악하는 문헌 해석과도 일치한다. 이동설 입장에서는 당시 요서 혹은

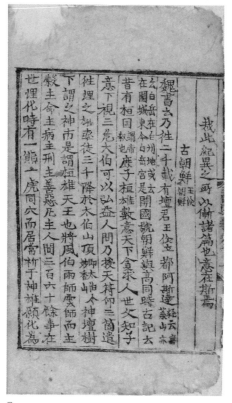

『삼국유사』 고조선 왕검조선

요동에 있던 고조선의 중심지는 연나라가 요동 일부까지 들어옴에 따라 서북한 지역으로 이동한 것으로 이해한다.

전국말에 동북방의 정세에는 큰 변화가 일어난다. 바로 진(秦)나라가 6국을 하나씩 병합하며 연 지역으로도 진출한 것이다. 진나라의 위협이 점차 다가오자 연태자 단은 형가를 보내어 진왕(秦王) 정(政)의 암살을 시도한다. 하지만 형가의 암살 시도는 미수에 그치게 되고 진왕 정은 이에 대한 보복으로 기원전 226년 연나라의 도읍 계성을 쳐서 함락시킨다. 연왕 희는 동쪽으로 달아나 요동을 거두어 차지하지만 오래 버티지는 못했다. 진나라는 기원전 222년 요동에서 연왕 희를 생포하고 연나라를 멸망시킨다.[12] 그리고 이 시기 위만은 연나라 태자 단이 요동 사이로 흩어지자 도망친 백성을 거두며 역사의 무대에 처음 등장하게 된다.[13]

위만이 등장한 것은 기원전 3세기 초 연나라가 조선 지역으로 진출하고 60여 년이 지난 후이다. 기원전 3세기 초 연나라는 동호와 조선 등으로부터 새롭게 얻은 영토에 군현을 설치한다. 하지만 연왕 희가 요동을 거두었다고(收遼東) 기록한 것처럼 연말기에 요동은 실제적으로 연의 통치가 미치지 못했던 것으로 보인다. 이후 전국을 통일한 진나라가 패수를 건너 고조선을 공격한 것을 감안하면 연왕 희가 도망간 요동은 지금의 요동이 아니라 그 서쪽 어딘가일 것이다. 전국말 이 지역은 고조선과 연의 세력이 미치지 못하는 공백지대였기에 위만이 독자적인 세력을 형성할 수 있었다.

III. 위만의 정체성은 무엇일까?

위만의 출신에 대해 『사기』 조선열전은 "조선왕(朝鮮王) 만(滿)은 고연인(故燕人)이다(朝鮮王滿者 故燕人也)."라고 간단히 언급하였다. 이에 한국학계와 북한학계에서는 위만의 행적 등을 검토하여 위만은 고조선 계통의 인물이었다고 이해하였다.[14] 특히 『사기』 조선열전의 '고연인'은 전한의 후국(侯國)인 연나라가 아니라 전국시대 연나라를 의미하며 나아가 만왕은 연의 조선고지 점령에 의해 연인이 된 고조선 유민으로 이해하기도 한다.[15] 반면 『사기』 조선열전은 위만을 노관(盧綰)과 관련된 것처럼 연이어 기술하였기에 위만이 한나라의 제후국인 연국(燕國) 출신이거나 노관의 부장으로 보기도 한다.[16]

『사기』에서 '고(故)'는 '옛', '본래' 등의 의미로 사용된다. 조선열전의 경우 '고연인' 외에 '고'의 용례를 보면 ① 요동의 옛 새(遼東故塞) ② 진의 옛 공지 상하장(秦故空地上下鄣) ③ 옛 연과 제의 망명자(故燕齊亡命者)라 하여 주로 '고(故)'는 '옛'의 의미로 사용되었다. 특히 '요동고새(遼東故塞)'라고 표현한 사례는 한초에 고조선과의 경계를 패수로 정하면서 '요동고새'를 수리했다는 내용으로 '고새'는 전국 연나라가 설치한 '새'를 말하는 것이다. 따라서 '고연인'이라는 표현은 태사공자서(太史公自序)에서 위만이 이미 전국말에 활동했음을 언급한 것처럼 그가 전국 연 지역에서 활동한 인물이며 한초 노관과는 무관한 인물임을 나타내기 위한 표현일 가능성이 크다. 사마천이 노관을 언급하고 위만이 조선에 왔음을 연이어 기술한 것은 위만의 망명이 노관의 흉노 망명을 계기로 이루

요양 탑만 출토 청동도끼 거푸집의 청동기 기술자 얼굴[23]

어졌기 때문이다.

후한시대에 편찬된 『잠부론(潛夫論)』은 만왕을 '위만(魏滿)'이라 하여 이전에는 확인되지 않던 성을 기록했으며 위만에게 밀려난 이전 고조선의 통치자에 대한 기록이 나온다. 그리고 위진 대에 편찬된 『위략』과 『삼국지』에서는 만왕에 '위' 씨가 붙으면서 이후 만왕은 '위만'으로 널리 알려지게 된다. 그러나 당대에 알려지지 않은 성이 후대에 붙여졌다는 사실과 처음에는 '위' 씨로 나오는 등 기록마다 차이가 있는 점을 감안하면 만왕은 본래 성이 없는 조선계 인물이라는 주장이 오히려 설득력이 있다.[17] 『위략』은 위만의 정변 과정이 가장 자세히 기록되었으나 "조선후(朝鮮侯)가 주나라 왕실을 높이려고 연을 공격하려 했다."[18]고 기술하는 등 일부 윤색된 부분이 나타난다. 따라서 '위' 씨가 추가된 것도 이러한 맥락에서 이해할 수 있다.

또한 표현은 조금씩 차이가 있으나 위만은 조선으로 올 때 '퇴결만이복(魋結蠻夷服)'(『사기』)이나 '추결만이복(椎結蠻夷服)'(『한서』) 혹은 '퇴결이복(魋結夷服)'(『삼국지』 예전)을 했다고 한다. 퇴결은 조선만의 습속이 아니라 흉노·남월·서남이에도 공통적으로 보인다는 지적이 있으나[19] 이 기사는 정황상 위만과 그의 무리가 고조선의 풍습인 상투를 하고 고조선의 의복을 입었다는 의미로 이해할 수 있다. 따라서 위만은 단순히 중원계 유이민이 아니라 조선의 풍속을 간직한 인물이라는 사실을 알려 준다.[20] 물론 위만이 망명 과정에서 생존을 위해 중간에 조선계 의복을 탈취했을 가능성도 있다. 하지만 중원계 인물이 단순히 겉으로 보이는 모습을 위장하여 조선계라 주장했다고 해서 그를 직접 대면했던 준왕이 속아

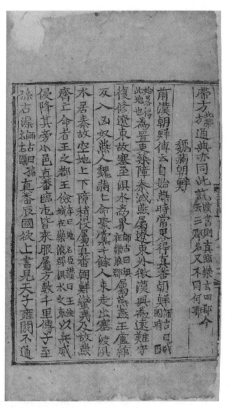

『삼국유사』 위만조선

넘어갔을지는 의문이다.

상투의 경우 『삼국지』 한전(韓傳)과 『후한서』 한전의 기록을 보면 삼한 사회에도 상투머리 양식이 있었음이 확인된다.[21] 또한 요양시(遼陽市) 탑만촌(塔灣村)에서 출토된 기원전 6세기 거푸집 뒷면에는 상투를 튼 두 사람의 얼굴이 새겨져 있다. 이곳에서 발견된 유물은 고조선의 대표적인 유적인 정가와자 유적과 거의 같다. 상투머리를 한 사람들은 고조선의 상위 혹은 귀족 집단을 대표하는 사람들의 모습으로 볼 수 있다.[22] 이를 통해 고조선인들은 상투를 트는 풍습이 있었음을 알 수 있다.

따라서 위만과 무리들은 준왕에게 상투와 복식을 통해 자신들이 조선 출신이었음을 어필했다고 할 수 있다. 위만의 어필이 받아들여지고 준왕이 그를 신임했다는 사실은 위만이 조선인으로서 정체성을 갖고 있었음을 의미한다. 후에 위만이 준왕을 몰아내고 새로운 왕조를 세울 수 있었던 데엔 그가 조선계였다는 점도 크게 작용하였을 것이다.[24]

진대에 위만의 행적을 알 수 있는 직접적인 자료는 없다. 다만 진의 통일 이후 동북방의 정세를 통해 추정할 수 있다. 통일제국 진나라의 등장은 주변국에 큰 위협이 되었다. 진나라는 남월과 동월을 공격하여 군으로 만들기도 했다. 진나라는 패수(沛水)를 건너 고조선도 공격하고[25] 요동외요를 설치했다.[26] 당시 고조선의 부왕(否王)은 정략적으로 진에 예속하면서 조회를 하지는 않았다.[27] 이것은 부왕이 진나라에 전쟁을 그칠 명분을 주기 위해 조회를 약속했던 것으로 이해된다. 따라서 고조선의 복속은 일시적이거나 형식적이었음을 알 수 있다. 이에 진나라는 상하장(上下障)을 쌓아 고조선의 반격에 대비하면서 더는 조선 지역을 침공하지는 않았다. 이처럼 고조선은 통일제국의 등장에도 국가적 역량과 함께 유연한 외교 활동을 통해 주변국이 대부분 진나라에 병합되는 상황에서 나라를 유지할 수 있었다.[28]

그렇다면 진의 군현체제 속에서 위만집단은 어떤 방식으로 존재했을까? 이 시기 위만집단은 군현의 통치가 못 미치는 지역에 존재했을 가능성보다는 군현과 타협하는 방식을 선택했을 가능성이 크다. 후대의 일이지만 한왕(漢王) 4년(기원전 203) 8월에 "북맥(北貉)·연인(燕人)이 날쌘 기병을 불러들여 한(漢)을 도왔다."[29]는 기록이 있다. 이 기사는 한이 항우를 누르는 과정에서 북맥·연 효기 부대가 한을 돕기 위해 파견되었음을 보여 준다. 그런데 북맥인을 연과는 별도로 구별하여 언급하고 있다는 점에서 연에 완전히 편입된 집단은 아니고 연 지역에서 어느 정도 자기 정체성을 유지하고 있던 집단이라고 할 수 있다.[30] 이 북맥집단이 위만집단과 관련이 있는지는 알 수 없지만 위만의 경우도 이와 유사했을 것이다. 위만집단은 군현체제에 협조하는 방식으로 어느 정도 자기 세력의 독자성을 인정받으며 정체성을 유지했을 것이다.

한편 최근 세죽리-연화보유형에 속하는 위원 용연동 유적[31]에서 출토된 수면문 청동대구를 주목하여 동시기 중원 및 제후국에서 출토되는 청동대구와는 이질적임을 지적하고 요서지역 토착집단에 의해 만들어진 것으로 이해하는 연구가 나왔다.[32] 이것은 기원전 3세기 연이 이 지역을 점령하였더라도 전형적인 연의 문화가 획일적으로 전개되지 않았으며 연 지역에 살던 토착계 집단

의 존재를 보여 주는 중요한 사례라고 할 수 있다. 앞으로 이와
관련된 연구가 심화된다면 연 지역에서 고조선으로 망명하기 이
전 위만집단의 문화가 밝혀질 수 있을 것으로 기대된다.

IV. 위만은 어떻게 조선을 차지했을까?

진나라는 기원전 210년 진시황의 갑작스러운 죽음으로 혼란
에 빠진다. 진2세가 즉위했지만, 이듬해 진섭·오광의 거병 등 전
국에서 반란이 일어나고 결국 진나라는 기원전 207년 멸망한다.
그리고 초한 항쟁을 거쳐 한고조가 기원전 202년 중원을 통일하
기까지 진나라에 의해 확장된 이민족의 영토는 대부분 이탈하였
다. 위만의 조선 망명은 진말한초 혼란기에 고조선의 영토 수복
과 중원지역 유이민들의 고조선 지역으로의 이동과 관련된다.
『사기』 조선열전은 한초에 진대에 점령했던 고조선지역이 거리
가 멀어 물러나 浿水를 경계로 삼은 것처럼 기록했다. 하지만 진
한교체기의 상황을 알려 주는 『염철론(鹽鐵論)』의 기록[33]을 보면 고
조선에 의해 진나라가 설치했던 요동외요가 고조선의 공격으로
함락된 사실을 알 수 있다. 고조선은 진한교체기에 패수 이동의
땅을 다시 수복한 것이다.[34] 고조선의 영토 수복 이후 고조선과
한나라의 경계는 패수가 되었다. 패수의 위치에 대해서는 다양한
견해가 제기되지만 최근에는 혼하로 보는 연구가 많이 나왔다.[35]
『전한기(前漢紀)』[36]에는 패수를 요수(遼水)로 대신 기술하고 있다. 패
수를 혼하로 본다면 진대에 위만은 패수 이서의 요서 지역에 거
주했던 것으로 이해된다.

그리고 진승, 항우 등의 기병으로 진나라가 큰 혼란에 빠지게 되자 연(燕)·제(齊)·조(趙) 유이민이 대량으로 고조선에 들어오게 되고 이에 준왕은 망명한 유이민들을 서쪽 지방에 안착시켰는데 한초에 위만도 무리 1천여 명을 이끌고 망명하였다. 위만이 조선에 망명한 시점에 대해 『사기』 조선열전과 『위략』은 한초 노관이 흉노로 망명한 시기로, 『후한서』[37]는 진승이 반란을 일으킨 시기로 기록했다. 노관이 흉노로 도망친 시기라면 위만의 망명 시기는 기원전 195년이 되며, 진승의 거병 때라면 기원전 209년 무렵이 된다. 위만이 진승이 거병할 때 망명했다면 『후한서』의 이후 100여 년 뒤에 한군현이 설치되었다고 언급한 시기와 일치한다.[38]

노관은 한고조 유방의 고향 친구로 연왕에 봉해진 인물이다. 이성제후들이 한 명씩 제거당하자 불안을 느낀 노관은 고조가 불러도 병을 핑계로 가지 않아 의심을 받는다. 노관은 기회를 봐서 고조에게 해명하려고 했으나 고조가 병으로 죽자 기원전 195년 흉노로 도망치게 된다. 이에 한나라는 주발로 하여금 대군을 이끌고 그 뒤를 쫓게 한다.[39] 당시 노관은 변경에서 고조의 쾌유를 기다리며 수천의 기병을 거느리고 있었다.[40] 위만이 조선으로 망명하는 과정에서 거느린 1천여 인은 결코 적은 숫자는 아니다. 위만은 본래 거느렸던 군대를 모두 데리고 갈 수 없는 상황에서 소수 정예로 1천여 인을 선발하여 데려왔을 것이다.

위만이 고조선을 무너뜨린 것은 기원전 195년에서 오래되지 않은 시점일 것이다. 구체적으로는 위만이 정변 때 한나라가 10도로 나누어 쳐들어온다고 할 수 있는 주발이 연 지역을 평정하던 기원전 195년 말~194년 초 사이로 보기도 한다. 주발의 군대가 물러간 다음에는 허위 보고가 통할 수 없기에 위만의 정변 시기를 이 시기로 한정해 보는 것이다.[41] 위만의 정변 시기를 추정할 수 있는 또 다른 단서는 위만조선이 성립하고 한나라와 맹약을 맺은 시기가 '효혜고후시(孝惠高后時)'라는 사실이다. 『사기』에서 '효혜고후시'는 혜제(惠帝)의 재위기간인 기원전 194~188년에만 나타나는 용법이다. 따라서 위만의 정변은 기원전 188년 이전이었던 것은 분명하다. 특히 요동태수가 연왕을 거치지 않고 맹약을 맺었다는 점에서 연왕이 연소(年少)한 시기이고 한나라가 대외적으로 안정된 시기인 혜제 3~4년인 기원전 192~191년으로 좁혀서 이해하기도 한다.[42] 위만이 이 시기에 한나라와 외신관계를 맺었다면 위만조선이 성립한 것은 늦어도 기원전 191년일 것이다. 따라서 위만이 노관의 반란 시점에 망명했다면 불과 1~4년 사이에 고조선이 멸망하고 위만조선이 성립한 것이다. 그렇게 본다면 고조선을 무너뜨리기에는 시간이 지나치게 짧다고 볼 수 있다. 반면 위만이 고조선에 망명한 것이 기원전 209년 무렵이라면 10여 년 동안 서변에서 충분히 세력을 규합하여 기회를 기다리다가 노관의 반란과 한의 대군 출병이라는 변수를 틈타 반란을 성공시켰다고 볼 수 있다.

『사기』 조선열전에서 위만이 조선으로 망명하는 방향이 나타나는데 요동고새를 나와 패수를 건넜다고 한다. 그런데 패수를 고조선과 한의 경계로 삼게 된 것은 노관이 연왕이 된 다음이다. 노관이 연왕이 된 것은 한왕 5년(기원전 202)으로 노관이 연왕으로 있을 때는 위만의 무리가 아무런 제지 없이 요동고새를 통과하여 패수를 건너기는 힘들었을 것이다. 따라서 위만의 망명 상황이 좀 더 자세하게 기록된 『사기』 조선열전과 『위략』의 기록을 보면 위만의 망명 시점은 전한초로 이해하는 것이 자연스럽다. 즉 패수를 경계로 양국이 대립하다가 기원전 195년 노관이 흉노로 달아나며 연 변방이 일시적으로 한의 통치가 미치지 못했던 시기에 망명했을 터라는 뜻이다. 그렇다면 위만은 고조선 망명 후 몇 년 이내에 준왕을 밀어낸 것이다. 이것은 위만이 이미 20여 년 동안 요동지역에서 독자적인 활동을 하며 그만한 역량과 경험을 갖추었기에 가능했다.

이러한 정황을 본다면 위만은 이미 망명 당시부터 정변을 염두에 두었을 가능성이 크다. 위만은 고조선이 연나라에게 뺏긴 서변에서 20여 년 동안 독자적인 세력가로 활동하며 국제정세를 지켜보았다. 연나라의 멸망과 막강한 통일제국인 진나라의 등장, 진나라의 갑작스러운 멸망과 한고조가 중원을 차지하는 과정 및 그의 죽마고우였던 연왕 노관의 몰락까지 동북지역의 주도세력은 계속해서 바뀌어 갔다. 그리고 노관의 흉노 망명과 주발의 대군이 그 뒤를 추격하며 다시 한번 동북방의 정세가 요동치는 상황에서 위만은 조선 망명을 선택했다. 그는 정변을 염두에 두며 고조선 서변을 주목하였을 것이다. 이 지역은 위만이 망명하기 전부터 수만 명의 중원계 이주민이 거주하고 있었기 때문에 위만이 단기간에 정변을 일으킬 군사력을 확보하는 것이 불가능한 일은 아니다. 특히 고조선 서변은 이전에 연·진의 요동군에 포함되어 중원계 철기문화가 직접 수용된 지역이다. 따라서 위만은 유이민을 규합하고 선진적인 중원계 철기문화로 무장하면서 그 세

력을 키울 수 있었다.[43]

『위략』에는 위만의 정변 과정이 자세히 기록되어 있다. 위만은 무리 1천여 인과 함께 패수를 건너가 준왕에게 고조선의 서변에 머물게 해 주면 유이민을 모아 고조선의 제후국(藩屏)이 되겠다고 설득하였다. 이에 준왕은 위만에게 진의 상하장이 설치되었던 요동지역의 땅 백 리를 주고 고조선의 서변을 지키게 한다. 고조선이 연·진나라와 대립하며 보여 준 외교 활동을 본다면 항상 중원지역의 동향에 대해 예의주시하고 있는 것을 알 수 있다. 따라서 고조선은 이미 위만이 조선으로 망명하기 이전부터 가까운 지역의 세력가로 그의 존재를 알고 있었을 가능성이 크다. 따라서 중원계 이주민을 서쪽 변경에 정착시키고 간접 통치하며 한나라의 침략을 대비해야 했던 준왕의 처지에서는 조선계이며 오랫동안 독자적인 세력을 가지고 대외 정세에 밝은 위만이야말로 변방의 안정을 가져올 인물이라 여겼을 것이다.

위만이 처음 고조선으로 건너올 때는 1천여 명의 무리를 거느린 작은 세력이었다. 하지만 고조선의 서변에서 제후국이 되자 중원세력의 지배를 받았던 진번·조선계 토착 세력과 몰려드는 중원계 유이민들을 규합하여 짧은 시일에 큰 세력을 만들 수 있었다. 요동지역은 고조선의 초기 중심지가 있었을 가능성이 큰 전략적으로 가치가 높은 지역이며 고조선-한-흉노의 세력이 교차하는 지역이다. 국제정세에 밝은 위만은 한나라가 고조선지역으로 쳐들어오지 않을 거라는 확신하에 고조선 서변에서 세력을 키워 고조선을 장악할 수 있다고 생각했던 것으로 보인다.[44] 위만은 세력을 키우면서 한편으로는 고조선의 내부사정을 상세히 파악했을 것이다. 훗날의 일이지만 위만조선-한나라의 전쟁 양상을 보면 위만조선은 강력한 패수 방어선을 구축하여 한의 육군을 막았고 이후 왕검성에서 최후의 항전을 벌인 바 있다. 준왕 역시 한의 대군이 침입할 경우 1차로 위만이 서변에서 방어하고 2차로 모든 군대를 도성에 집결하여 항전을 계획했던 것으로 보인다. 그리고 위만은 정변을 위한 준비를 마치고 한군의 침입이라는 거짓 보고를 올린 다음 미처 방비하지 못한 준왕을 격파한다.

위만의 정변으로 고조선이 쉽게 무너진 것은 고조선이 통일 제국인 진나라의 침입에도 나라를 보존했던 국가적 역량을 감안할 때 쉽게 이해하기 어려운 일이다. 고조선의 붕괴 원인은 다음과 같이 정리할 수 있다.

첫째, 진말한초 수복한 서변 지역을 직접 통치하지 않고 위만에게 위임한 것이다. 고조선 서변 지역은 고조선의 중심지가 있었고 중국계 유이민이 밀려드는 지역이라 단기간에 큰 세력을 형성하는 것이 가능한 곳이다. 만일 위만이 서변 방어에만 충실하다면 좋은 선택이었겠으나 그가 정변을 일으킨다면 언제든 조선에 큰 위협이 될 수 있음을 간파하지 못했다.

둘째, 위만의 정변이 신속하게 이루어지는 바람에 미처 각 지역의 원조를 구할 여유가 없었다. 위만의 군대는 (1)위만이 망명 당시 데리고 왔던 1천여 명의 무리 (2)고조선 서변에 있었던 진번·조선계 주민 (3)연말기~한초에 지속적으로 서변에 유입되던 중원계 유이민으로 구성되어 있었다. 하지만 준왕이 거느린 군대에 비하면 상대적으로 작은 규모였음이 분명하다. 그럼에도 위만은 고조선의 핵심부를 빠르게 장악하면서 정변에 성공했다. 준왕의 남천 이후 고조선 지역에는 준왕의 아들과 친속이 여전히 거주하고 있었다. 이들은 국도(國都)가 아닌 다른 지역에 있었는데 정변이 순식간에 이루어진 터라 준왕을 돕지 못했던 것으로 보인다.[45]

셋째, 준왕은 위만의 보고에 속아 그를 도성 안에 들여보냈고, 이로써 방어체계가 무력화된 것으로 추정된다. 위만은 왕검성(王儉[王險]城)에 도읍하였다고 하는데 준왕의 도읍과 동일한 곳인 듯하다. 왕검성은 우거왕 대 한나라의 대군을 맞아 1년 동안 항전할 정도로 방어에 유리한 곳이다. 위만이 준왕을 속여 숙위할 것을 구한 것은 왕검성이 방어에 유리한 이점을 지닌 성이었기 때문일 것이다.[46] 따라서 준왕이 위만을 왕검성 안으로 들여보낸 일이야말로 정변이 성공했던 큰 이유라 할 수 있다. 이처럼 위만은 신속하게 왕검성을 공략하면서 정변에 성공할 수 있었다. 고조선의 방어체계가 내부의 정변에 취약했다는 점이 결국 멸망의 큰 원인이 된 것이다.

위만에게 패한 준왕은 남은 무리들과 함께 바닷길로 도주한다. 다른 지역에 있던 준왕의 아들과 친속의 원조를 기다릴 여유가 없을 정도로 다급한 상황이었을 것이다. 또한 준왕이 바닷길로 도주한 것은 수군이 없는 위만의 추격을 뿌리칠 수 있는 안전한 이동을 위한 선택으로 보인다.

V. 맺는 글

위만의 정변이 성공하며 고조선은 멸망하고 위만조선이 성립된다. 위만의 새 왕조는 초기에 대내외적으로 불안정할 수밖에 없었다. 위만은 준왕을 몰아내고 중심지를 차지했을 뿐 아직 고조선 전체를 확실하게 장악한 것은 아니었다. 또한 위만조선을 위협할 수 있는 한나라와의 관계도 정리해야 했다.

『위략』에서 조선 지역에 그대로 거주하던 준왕의 아들 및 친척이 한씨를 칭했다고 했다.[47] 이는 원래 성씨가 없었는데 붙인 것일 수도 있으며 이전 왕조의 왕족이라는 자신들의 정체성을 드러내기 위함일 수도 있다. 그런데 이들이 위만조선에 거주하면서 독자적인 성씨를 사용했다는 것은 위만이 이들을 포용했기 때문일 터다. 위만은 기존의 고조선 왕실을 포용하는 방식으로 새 왕조의 안정을 도모했다.

또한 위만은 조선이라는 국호를 그대로 사용했으며 도읍을 왕검성에 정하였다. 위만조선의 도읍을 『사기』와 『한서』 조선전은 왕험성으로 『삼국유사』는 왕검성으로 기록했다. '왕검' 혹은 '검'은 고조선 건국자의 이름으로 전한다.[48] 이것은 중국 차자 표기법으로 표기 시 인명으로는 '왕검'이며 도읍명으로는 '왕험'이라는 연구가 있다.[49] 시조나 후계자의 이름(칭호)을 그 나라 통치자의 칭호나 도읍명으로 사용하는 것은 다른 나라의 사례에서도 확인된다.[50] 따라서 '왕검성'은 위만 이전부터 사용되던 도읍명이었다고 보는 편이 자연스럽다. 위만이 단군왕검을 중시하여 도읍명으로 그대로 사용한 것은 그가 조선계였음을 암시하는 것이기도 하다.[51] 이처럼 위만은 동일한 국호와 도읍명을 사용하면서 기존의 조선을 계승했음을 표방했다. 이것은 위만의 정체성이 조선 출신이면서 그 세력기반이 중원계 유이민뿐 아니라 연의 침입 이전 고조선 중심지였던 요동지역 토착민도 포함했기 때문이었을 것이다. 따라서 고조선 주민들은 위만조선이 고조선(왕검조선)을 계승한 것으로 받아들였을 것이다.

또한 위만조선은 국가성장을 위해 한과의 외신관계를 받아들이고 그 대가로 '병위재물(兵威財物)'을 지원받았다. 이에 대외관계를 안정시킨 위만은 아직 자신에게 복속되지 않은 고조선의 잔여 세력을 복속시키는 데 전념하게 되었다. 위만조선은 주변 소읍을 정복하고 진번·임둔도 간접적으로 지배하게 되면서 사방 수천 리의 대국으로 성장하게 된다.

위만이 정변을 일으키고 새 왕조를 개창한 명분이 무엇인지는 기록에 남아 있지 않다. 다만 위만이 집권 후 곧바로 대외 팽창을 시도한 것으로 보아 보다 강력한 고조선을 표방했던 것만은 틀림없다. 국제정세에 밝았던 위만은 한-흉노의 대립이라는 국제정세를 이용하여 한으로부터 지원을 받아낸다면 보다 부강한 나라로 만드는 것이 가능하다고 생각했을 것이다. 또한 위만은 고조선계와 중원계 주민 등 다양한 집단을 수용하는 정책을 표방했다. 이 시기 요동~서북한 지역은 중원계 문화가 압도적인 천산산맥 이서지역, 상보촌 유형의 전통이 남아 있는 천산산맥 이동, 윤가촌 유형의 전통이 남아 있는 요동반도 남단, 세형동검문화의 전통이 지속되는 대동강 유역으로 구분된다.[52] 이러한 다양한 물질문화는 위만조선이 여러 집단으로 구성된 다종족 국가였음을 알려 준다.[53]

위만의 정변으로 왕조가 교체된 것은 한국사의 일대 사건이었다. 중원계 유이민을 흡수하고 대외적으로 팽창하려는 위만의 정책은 그의 손자 대에도 계속되었다. 그리고 한나라 역시 대외 팽창을 시도한 한무제 대에 이르러 위만조선은 한나라와 충돌하지 않을 수 없었다.

"정변은 고구려가 중앙집권적 국가로 나아간 첫걸음이었다."

고구려사에 보이는 '정변(政變)'과 역사적 의미

김진한

경북대학교 사학과 강사이다. 저서 및 논문으로 『고구려 후기 대외관계사 연구』(한국학중앙연구원출판부, 2020), 「8세기 신라의 대발해(對渤海) 인식 변화와 그 배경: 북적(北狄)에서 북국(北國)으로」(『한국학』 171, 2023), 「무왕대 발해·당 전쟁에 대한 재인식」(『한국문화』 99, 2022), 「1~4세기 고구려 대왜인식의 형성과 변화–동아시아 국제정세의 변동과 관련하여」(『국학연구』 48, 2022) 등이 있다.

고구려사에 보이는 '정변(政變)'과 역사적 의미

김진한(경북대학교 사학과 강사)

I. 시작하는 글

정변은 사회변동을 보여주는 하나의 척도이다. 고구려의 역사를 일별하면 꽤 많은 정변을 마주하게 된다. 그동안 학계에서는 고구려 정치체제에 변화를 일으킬 만큼 비중이나 상징성이 큰 정변을 주로 다루었을 뿐 전체를 종합적으로 검토한 적은 없었다. 따라서 고구려에서 일어났던 정변의 양상을 살펴보면, 사회가 변화해 온 일정한 흐름을 파악할 수 있을 것이라 생각한다.

정변은 명분 없이 일어나지 않는다. 명분은 정변을 주도한 세력이 현실을 어떻게 인식하는지 보여주는 거울이다. 여기서는 중앙집권적 고대국가로 나아가는 역사 발전을 상정하고 당시 정변을 주도한 세력이 어떠한 명분을 내걸었으며, 그것에 걸맞게 실천했는지 여부를 통해 정변의 역사적 의미에 대해 살펴볼 것이다.

독자들이 이해하기 쉽도록 학계의 통상적인 기준에 따라 국가형성기부터 300년까지를 전기, 4~5세기를 중기, 6세기 이후를 후기로 나누었다. 공교롭게도 고구려의 정변 기사도 300년까지 보이다가 6세기 이후에 다시 중기에는 정변 기사가 명확하지 않다.

　검토 대상은 『삼국사기(三國史記)』에 보이는 권력 획득이나 유지를 목적으로 일어난 일련의 정치적 사건—왕실 교체, 왕위계승 분쟁 및 모의, 정국 주도권을 둘러싼 다툼, 반란—들이다. 이 밖에 『삼국유사(三國遺事)』와 중국·일본 문헌에 보이는 기사를 보완해 살펴보았다.

II. 고구려 전기(前期)의 정변

1. 주몽의 송양 제압

　『삼국사기』 고구려본기 동명성왕조에는 주몽이 고구려를 건국한 과정이 실려 있다. 주몽이 부여에서 도망쳐 졸본천에 이르러 고구려를 세웠는데, 이 지역에는 앞서 비류국이 있었다. 후발 주자였던 주몽이 송양을 제압한 것이다.[1]

　이에 대해 백제본기 온조왕조에는 주몽이 졸본부여에 이르러 졸본부여왕의 사위가 되어 왕위를 이은 것으로 나온다.[2] 선주 집단이 있었고, 이를 주몽이 계승한 것이다. 동명성왕조 기사대로 주몽의 고구려가 비류국을 정복하는 것으로 이해한다면 이를 정변으로 보기 어렵다. 하지만 주몽 집단이 이주하기 이전에 이미 정치체로서 고구려가 압록강 중상류 일대에 성립되어 있었다. 따라서 이때 고구려 건국이란 주몽이 이끈 계루부 집단이 이주하여 연맹체의 장이 교체된 것이라고 해석할 수 있다.

　이와 관련해 『삼국지(三國志)』에는 "본래 연노부(涓奴部)가 왕(王)이 되었으나 점점 미약해져 지금은 계루부(桂婁部)가 대신한다."[3]는 기사가 전해진다. 이때 연노부의 연(涓)은 '소(消)'의 오기로 보인다. 송양(松壤)은 소노(消奴)와 통한다. 이를 통해 본다면 주도 세력이 바뀐 것을 예상할 수 있다.[4] 고구려를 대표하는 맹주가 소노부에서 계루부로 교체된 것이다.

주몽은 '자신이 천제(天帝)의 아들'[5]이라는 명분을 내세웠다. 이에 반해 송양은 대대로 왕이 되었다는 '유구(悠久)함'을 내세웠다. 결국 선주집단인 송양국(비류국)을 제압하였으니 정변이라고 부를 수 있겠다. 이후 주몽은 대외 정복 활동을 통해 영역을 확장하며 계루부 중심으로 세력을 편제하고 왕권을 확립해 나갔다.

2. 유리의 즉위와 비류·온조의 남하

유리는 주몽과 비슷한 경로를 밟고 왕위에 올랐다. 고구려본기에 따르면, 유리는 부여에서 건너와 주몽의 아들임을 증명하고 태자가 되었다. 그리고 주몽이 죽자 자연스럽게 왕위를 이은 것으로 나온다.[6] 그러나 백제본기에는 주몽이 낳은 아들이 오자 태자로 삼았고 비류와 온조는 자신이 용납되지 못하리라고 예상하여 떠나는 것으로 나온다.[7] 유리를 태자로 책봉한 해에 주몽이 죽었다는 것이나 비류·온조와 갈등을 보면 유리의 즉위 과정에서 정변이 일어났을 가능성이 있다. 백제본기의 미주에는 주몽과 비류, 온조 세 사람 사이에 벌어졌던 갈등의 양상이 자세하게 나온다. 즉, 주몽이 정착하기까지 비류와 온조의 어머니 소서노의 역할이 컸음에도 이들이 유리왕에게 탐탁지 않은 존재로 전락하는 상황이 벌어졌다.

『삼국사기』와 『삼국유사』에는 유리왕이 동명왕의 아들로 나

『삼국유사』 기이 고구려

온다.[8] 다만, 『삼국유사』에는 성이 해씨로 나오고 있어 동명왕과 성이 다르다. 성이 다른 데도 아들로 나오니 의아하다. 더구나 온조와 비류는 압박감을 이기지 못해 결국 떠나고 유리가 태자에 올라 왕위에 오른 것이다. 유리가 왕위에 오를 수 있었던 명분은 혈연이다. 주몽이 부여에 있을 때 남겨두었던 부러진 칼을 찾아 맞춰 자신이 주몽과 혈연으로 맺어진 관계라는 것을 증명하여 태자가 될 정당성을 부여받았다.

유리왕은 재위기간 약세였던 국가의 기틀을 다지는 데 큰 역할을 했다. 유리왕은 대외관계에서 상대에 따라 신중하면서도 적극적인 대응책을 펼쳐 나갔다. 국가체제를 다지기 위해 천도를 단행하였으며 사물택(沙勿澤)·기산(箕山) 세력을 포섭하여 편제하는 등 국가의 기반을 탄탄히 다지는 데 역점을 두었다.

3. 국인(國人)의 해색주(解色朱) 옹립

대무신왕의 아우 해색주가 민중왕으로 즉위했다.[9] 『삼국유사』에서는 해색주가 대무신왕의 아들로 나온다.[10] 『삼국사기』에 의하면 부자상속으로 왕위가 이어지다가 민중왕 대에 이르러 형제계승으로 바뀐 셈이다. 『삼국유사』에서는 부자상속으로 이어졌다. 『위서(魏書)』에서도 주몽(朱蒙)-여달(閭達)-여율(如栗)-막래(莫來)[11]로 부자간에 왕위를 계승한 것으로 나온다. 이 밖에 『삼국유사』에는 모본왕이 민중왕의 형으로 나오며[12] 동생 민중왕이 형보다 앞서 왕위에 오른다. 어느 계보가 맞는지 확신할 수 없지만 즉위 과정에서 정변이 일어났을 가능성이 크다.

『삼국사기』에 의할 때, 민중왕의 즉위 명분은 태자인 해우가

'어려서 잘 다스릴 수 없다.'는 것이다. 이때 민중왕은 국인들의 추대를 받은 것으로 나온다. 왕위계승자는 유리왕계의 자손으로 왕실 가계가 정해져 있었지만, 국인들의 입김을 무시할 수 없었다.『삼국유사』를 따를 때, 민중왕의 즉위 명분은 분명치 않다.

민중왕의 재위 기간은 5년으로 비교적 짧았다. 그가 재위했던 시기에 가장 많이 다루어졌던 기사는 자연재해나 이변, 사냥에 관한 것이다. 민중왕은 정치적 지향성이 뚜렷하지 않았다. 정변 명분이었던 '태자가 어려 잘 다스릴 수 없다.'는 것은 구호에 그쳤을 뿐이다. 이때 정변은 권력 교체 그 이상도 이하도 아니다.

민중왕의 즉위와 관련해 왕위계승 원칙에 대한 관심도 일찍이 있었다. 형제상속으로 이해하는 견해[13], 부자상속으로 보는 견해[14], 영웅적 왕자관에 입각한 비혈연적 계승 원리에 의해 승계되었다고 보는 견해[15]가 있다. 어떤 경우든 왕위계승에 대한 원칙이 마련되어 가고 있었다. 이는 원칙이 없는 경우에 벌어질 정치적 혼란을 막기 위한 하나의 조치였다. 다만, 민중왕 대까지 왕위계승이 이루어진 사례를 살펴볼 때, 어느 하나의 원칙이 확립된 것이 아니라 집권세력이 정변을 정당화하기 위해 원칙을 자의적으로 선택한 느낌이 든다. 이는 다양한 원칙들이 함께한 과도기의 특징이라고 할 수 있겠다.

4. 두로의 모본왕 시해와 궁(宮)의 즉위

민중왕 사후 대무신왕의 아들 해우가 왕위에 올랐다. 모본왕은 사람됨이 포학하고 국사를 돌보지 않은 탓에 두로가 시해했다.[16] 모본왕에게 태자 익(翊)이 있었지만 불초(不肖)하고 사직을 주관하기 부족하다고 여겨 국인들이 궁(宮)을 맞이하여 왕으로 삼았다. 당시 궁의 나이가 7세이기에 태후가 수렴청정했다.[17] 궁의 나이가 어린 사실은 국인들에게 문제가 되지 않았다.

『삼국사기』에 따르면 태조대왕은 유리왕 아들 고추가 재사(再思)의 아들이다. 모본왕은 유리왕의 손자이자 대무신왕의 아들이다. 둘은 사촌지간이다. 『삼국유사』에는 국조왕(國祖王), 대조왕(大祖王)으로 나오며 왕계가 나오지 않는다. 그런데 국인들이 어린 궁을 왕위에 앉히게 된 까닭이 명확하지 않다. 태조대왕 80년조에는 모본왕 시해 당시 궁이 왕위에 오른 과정이 쓰여 있다. 국인들은 재사를 왕으로 옹립하려고 했으나 재사가 나이가 많다는 이유로 아들에게 양보했다는 것이다. 재사의 나이가 적지 않았겠지만, 어린 아들에게 양보한다는 것은 석연찮다. 더구나 궁의 어머니가 수렴청정을 한 것으로 나온다.

모본왕이 시해를 입었던 가장 큰 이유는 폭정이었다. 당시 태자가 정해져 있었지만, 부자계승이 원칙으로 자리잡지 않은 상태였다. 이런 점이 태조왕이 왕위에 오를 수 있었던 이유이기도 했지만, 거꾸로 언제든 형제가 왕위를 차지할 수 있는 명분이 되기도 했다. 태조왕 대는 주변 소국이나 정치집단에 대한 복속을 거의 마무리했다. 부여와는 사신을 주고받으면서도 한(漢)나라에 대해서는 견사와 전쟁을 반복하는 등 국력이 한껏 신장한 모습을 확인할 수 있다.

5. 수성의 찬탈

수성은 『삼국사기』와 『삼국유사』에 모두 태조왕의 동모제(同

母弟)라고 나온다. 태조왕이 오래도록 통치를 이어 나가자, 수성의 주위에서 불만이 터져 나왔다. 이들은 재사를 예로 들며 형이 연로한 뒤에 아우에게 왕위를 물려주는 것이 마땅하다고 보았다. 형제상속이 문제 되지 않음을 보여준다. 그럼에도 지금 왕은 양위의 뜻이 없으니 도모하라고 권유했다. 이에 수성은 "적자가 잇는 것이 상도(常道)라고 하면서 왕이 지금 늙었지만 적자가 있으니 어찌 엿보겠는가."라고 말했다. 미유는 아우의 어짊으로 형의 뒤를 잇는 것은 옛날에도 있었다면서 의심치 말라고 했다.[18]

모반을 꾀한 명분은 임금의 노쇠였다. 당시 적자상속이 원칙이라고 했지만 모의자들은 현명함으로 형의 뒤를 잇는 경우가 있었다며 형제상속에 정당성을 부여했다. 결국 146년, 수성은 더는 기다릴 수 없다며 모반했다. 태조왕은 모반을 알면서도 진압하지 않은 채 수성에게 양위했다.[19] 적자상속을 우선시했지만 형제상속이 아예 불가능한 것은 아니었다. 즉, 아직 왕위계승 원리가 제도로 정착하지 않았던 것으로 보인다.

차대왕 대 정치는 전왕(前王)의 자손과 신하에 대한 제거로 이어졌다. 그리고 잦은 이변에 대해 사무(師巫)나 일자(日者)에게 의견을 듣고 죽이는 등 대체로 폭압적인 정치를 펼쳤다.

6. 명림답부의 차대왕 시해와 백고(伯固)의 즉위

차대왕은 재위 내내 재이(災異)를 겪었다. 이는 집권의 정당성을 근간부터 흔드는 불안 요소로 작용했다. 게다가 태조대왕의 두 아들을 비롯해 전임 신하 등을 죽이면서 신임을 잃었고, 결국 차대왕은 명림답부에게 시해되었다.[20]

차대왕이 죽자 좌보 어지류를 비롯한 군신들은 논의를 거쳐 태조대왕의 막내동생 백고를 추대했다. 명분은 차대왕에게 비록 태자 추안이 있지만 국사를 맡기기 어렵다는 것이었다. 그런데 『삼국유사』에는 국조왕(國祖王)과 차대왕(次大王) 모두 신왕(新王)에게 시해되었다고 나온다. 백고는 명림답부를 비롯한 군신들에 의해 추대되었지만, 그 자신 역시 주도적으로 참여했던 것으로 보인다.

신대왕은 즉위한 뒤 첫 번째 조치로 사면령을 내렸다. 사면령에 따르면, 태조왕이 우애 있는 정치를 부탁하며 자손을 위한 계책을 물려주었으나 이를 차대왕이 저버렸다며 자신은 은덕을 베풀어 새롭게 하겠다고 천명했다. 앞서 어지류가 국새를 바치며 백고가 왕위에 오를 수 있는 정당한 자격 조건으로 '지인(至仁)'을 언급한 점과 통하는 바가 있다. 비록 이러한 명분을 천명하였더라도 『삼국유사』대로라면 신대왕은 두 형을 시해하였으니 패륜을 저질렀던 셈이다. 신대왕은 천명한 대로 태자였던 추안을 사면하여 양국군(讓國君)으로 삼음으로써 신정(新政)의 서막을 열었다.

두 번째, 국상제(國相制)의 시행이다. 이는 '태조왕 이후 성립한 5나부체제 아래에서 5나부의 제가 세력이 새로운 중앙정치세력으로 등장하면서 종래 2나부 연합적 정치운영 체제를 벗어나 계루부 왕권 및 5나부 제가세력의 전반적인 참여 위에 성립한 새로운 정치운영 체제로의 전환을 의미하는 것'[21]으로 평가한다.

세 번째, 시조묘 친사이다. 고구려왕으로서 첫 시조묘 친행이다. 이때 시조묘에 모신 대상이 누구인지에 관해 논의가 분분하지만 대체로 계루부 시조인 주몽으로 보는 것이 합당하지 않을까 생각한다. 주지하듯, 이는 왕권의 정당성과 정통성 확보라는 차원에서 이해할 수 있다.

네 번째, 태자 책봉이다. 전왕 대에도 태자 책봉 사례가 보이지만 왕위계승을 보장하지 않았다. 신대왕 대 태자 책봉은 군신의 요청에 의한 것으로 나오며, 곧 남무(男武)를 태자로 삼았다.

이처럼 왕권을 강화하려는 움직임이 있었지만, 밖으로 한과 대립관계에 있으면서 침략을 자주 받았다는 점은 왕권을 불안하게 흔드는 요소였다. 이런 가운데 정국을 이끌어갈 파트너로 연나부가 주의를 끈다. 연나부 출신의 명림답부는 신대왕을 추대하였고 좌우보를 통합한 첫 국상의 자리에 올라 죽을 때까지 이 직을 유지했다. 『삼국사기』는 명림답부가 179년 9월에 죽자, 신대왕이 통곡하며 정사를 일주일간 폐하고 극진히 장례를 치렀다고 전한다. 그리고 석 달 뒤 신대왕도 죽었다. 신대왕이 태조왕의 아우이고 고령이었다는 것을 감안할 때, 명림답부의 죽음이 적지 않은 영향을 주었으리라고 짐작된다. 신대왕은 연나부의 도움을 얻어 왕권을 안정화하는 데 어느 정도 성공을 거두었다고 볼 수 있다.

7. 연나부의 모반과 고국천왕

190년 왕후의 친척으로 가렴주구(苛斂誅求)하던 어비류 등이 4연나와 더불어 반란을 일으켰다. 반란의 명분은 분명치 않지만 고국천왕에 의해 제거될 위기에 처하자, 선수를 쳐 반란을 꾀한 것으로 나온다.[22] 이듬해 4월에는 왕도(王都)를 공격했다. 고국천왕은 기내(畿內) 병력을 동원하여 진압했지만 우왕후(于王后)를 내치지 못했다. 당시 연나부의 권력이 만만치 않았음을 보여준다.

고국천왕은 반란 진압을 계기로 신진(新進)인 을파소를 등용하여 인적 쇄신을 감행했다. 고국천왕이 쇄신하려던 대상은 조신(朝臣)과 국척(國戚)이며 명분은 "관직이 총애로 주어지고 관위는 덕이 아닌 것으로 나아가 백성에게 해독이 미치고 왕가(王家)마저 놀라게 한다."[23]는 것이었다. 이어진 정책에서도 진대법을 실시하는 등 민생을 보살피려는 모습을 확인할 수 있다.

8. 우왕후(于王后)의 연우(延優) 옹립과 발기(發岐)의 반란

고국천왕은 후사 없이 죽었다. 우왕후는 고국천왕의 죽음을 비밀에 부치고 먼저 발기에게 가서 왕위에 오르도록 권유한다. 우왕후는 장(長)이라는 명분을 지켜줬으나 발기가 오해하여 거부했음을 들어 아우인 연우에게 왕위를 권했다. 아울러 선왕의 유명(遺命)을 꾸며 군신들이 연우를 왕으로 삼게 했다.

여기서 고국천왕이 변고로 죽은 것이 아닐까 의심된다. 우왕후의 친척이 반란을 일으켰는데도 그녀를 내치지 않은 점, 우왕후가 선왕의 죽음을 비밀에 부치고 유명을 꾸며 의도적으로 연우를 왕위에 앉힌 점, 그녀가 죽을 때 자신의 실행(失行)을 자책하며 고국천왕 곁에 묻힐 수 없다고 말한 점을 보면 고국천왕의 죽음에 우왕후가 관여했으리라는 생각이 든다.

어찌 보면, 우왕후는 도박을 벌인 셈이다. 그녀에게 왕위를 계승할 아들이 없다는 것은 곧 권력을 잃을 수 있는 아킬레스건이다. 그럼에도 집권을 연장하기 위해 유력후보인 발기를 밀어내고 연우를 선택했다. 이를 통해 왕실세력의 분열을 유도하고 자신을 구심점으로 한 왕비세력이 주도권을 잡을 수 있는 상황으로 정국을 바꾸었다.

발기는 '형이 죽으면 아우가 잇는 것이 예(禮)임에도 찬탈하였다.'고 비판하며 궁궐을 포위했다. 천륜을 저버린 것이라며 공손도가 군사를 내어 도와주었다. 발기를 진압하러 온 계수(罽須)는 형 연우가 불의(不義)하지만 형 발기의 행위 또한 비판했다. 앞서 우왕후가 연장자인 발기에게 먼저 권유한 점을 보더라도 후사가 없을 때는 연장자가 왕위에 오르는 것이 원칙이었다.

한편, 『삼국지』고구려전에도 이때의 정변을 기록하고 있다. 이에 따르면, 백고(伯固)에게 두 아들이 있었는데 장자인 발기(拔奇)와 소자인 이이모(伊夷模)이다. 발기가 불초(不肖)하여 국인들이 이이모를 왕으로 추대했다. 이에 발기는 형으로 왕위에 오르지 못한 것을 원망하여 연노가(涓奴加)와 더불어 공손강에게 항복했다고 한다. 장자임에도 즉위하지 못한 요인으로 불초를 들고 있다. 아울러 정변의 주모자는 국인으로 기록했다. 두 기록 사이에 일부 차이가 있지만 '장자 우선 원칙'은 분명했다. 『삼국지』에서는 국인들이 주도한 것으로 나오지만 우왕후의 주도 아래 국인들의 추대를 받는 형식을 취했던 것으로 볼 수 있다. 어쨌든 장자 우선 원칙은 배제되었다. 산상왕의 즉위 명분은 선왕의 유명이었으며, 결정권은 우왕후가 갖고 있었다.

발기의 도전을 물리친 산상왕에게 가장 큰 고민은 후사문제였다. 산상왕 대 기사 대부분이 왕위 즉위와 후사를 얻는 과정임을 볼 때 이를 짐작할 수 있다. 산상왕은 아들을 얻을 수 있다는 하늘의 점지를 받았으며 그로부터 5년 뒤, 주통촌(酒桶村) 여인을 소후(小后)로 맞이하여 아들을 얻었다. 더구나 이례적으로 왕손인 연불(然弗)이 태어났다는 사실까지 기록했다. 고국천왕에게 후사가 없는 탓에 왕위계승 분쟁을 겪었던 산상왕에게 이는 무엇보다 절실했다.

9. 예물(預物)·사구(奢句)의 모반과 중천왕

중천왕은 동천왕이 248년 9월에 죽자 장례를 치르고 즉위했다. 그리고 10월 연씨(椽氏)를 왕후(王后)로 세웠다. 이어 11월에 아우 예물과 사구 등이 모반하였으나 복주(伏誅)되었다. 모반에 대해 '12~14대 중천왕~봉상왕 대에 연속적으로 확인되는 왕제(王弟) 살해 현상을 종전의 세대계승 원리(또는 형제계승 원리)가 부자계승으로 전환되던 과도기 현상이자 중앙집권체제를 확립하기 위한 조치'24로 이해한다.

모반이 진압된 뒤, 연나부 세력은 더욱 강해졌다. 250년, 중천왕은 국상 명림어수에게 병마 업무를 겸하게 했다. 251년에는 중천왕이 관나부인을 총애하며 소후(小后)로 삼으려 했으나 왕후의 견제를 받았다. 이후 중천왕은 관나부인의 기만을 문제 삼아 제거했다. 아울러 연나 출신의 명림홀도(明臨笏覩)가 공주에게 장가가는 등 연나부 세력은 건재했다.

연나부의 영향력이 강화되었지만 중천왕은 254년 명림어수가 죽자 국상에 비류 패자인 음우를 임명하는 등 비류부를 통해 연나부 세력을 견제했다. 아울러 시조묘 친사를 통해 정치적 위상을 확보해 나갔다. 지향점은 왕권 강화였다. 『삼국사기』에서는 중천왕에 대해 의표(儀表)가 준상(俊爽)하고 지략(智略)이 있다고 평가

했다. 중천왕의 행보를 두고 이른 말이 아닐까 한다.

10. 일우(逸友)·소발(素勃)의 모반과 서천왕

서천왕은 중천왕의 둘째 아들로 255년 태자가 된 뒤 270년 10월 중천왕이 죽자 왕위에 올랐다. 286년 아우 일우와 소발 등 두 사람이 모반혐의로 죽었다.[25] 모반의 명분이 무엇인지는 분명 치 않다.

한편, 3세기 후반 중천왕 대까지 고유명 부와 방위명 부가 같이 있다가, 서천왕 이후로는 방위명 부만 보인다. 더욱이 서천왕 대 이후 관등에 형계(兄系)가 등장하며, 재(宰)·태수(太守) 등 지방관 명칭이 보이기 시작한다. 이는 중앙집권화가 진전되었다는 주요 지표이다.[26] 서천왕 대 왕권의 강화가 추진되었음을 알 수 있다. 『삼국사기』는 서천왕에 대해 성품이 총오(聰悟)하고 어질어 국인 들이 애경(愛敬)한다고 기록했다. 이러한 인망(人望)을 바탕으로 왕 권 강화를 지속해 가는 움직임 속에 모의가 일어났던 것으로 짐 작된다.

11. 창조리의 봉상왕 폐위와 을불(乙弗) 옹립

봉상왕은 서천왕의 태자이다. 『삼국사기』에는 어려서부터 교만하고 의심과 미움이 많다고 했다. 봉상왕은 292년 숙부인 안 국군(安國君) 달가(達賈)를 죽였다. 달가가 숙부의 항렬인 데다가 큰 공업이 있어 백성들이 우러러보는 점을 의심하여 모살한 것이다. 293년에는 아우인 돌고(咄固)가 이심(異心)이 있다며 사사시켰다. 돌 고의 아들 을불(乙弗)은 몸을 피했다. 국상 창조리는 봉상왕의 실정을 언급하며 간했으나 받아들여지지 않자 군신들과 모의하여 폐위시키고 을불을 왕으로 삼았다. 봉상왕과 그의 두 아들 모두 자결했다.

정변의 명분은 분명했다. 죄 없는 사람들을 함부로 죽인 점, 궁실을 화려하게 치장하기 위해 백성을 함부로 노역에 동원한 점, 천재지변으로 고통을 당하는 백성들이 떠돌며 안정되지 못한 점, 외침의 우려 등이다. 백성을 저버린 무도한 임금을 폐하는 것이 정당함을 천명했다.

미천왕이 재위할 무렵, 대외적으로는 격변기에 있었다. 혼란한 국제정세를 호기로 삼아 낙랑 등 군현 세력을 몰아내고 요동으로 진출하는 등 대외적으로 뛰어난 업적을 남겼다. 미천왕은 왕위에 오르기 전, 수년간 떠돌며 백성들의 고단한 생활을 몸소 겪었다. 아마 이런 경험은 즉위 뒤 국정을 운영하는 데 자산이 되었을 것이다. 그런 점에서 창조리를 중심으로 한 정변은 고구려사 전개에 중요한 의미를 가진다고 하겠다.

한편, 봉상왕의 폐위와 미천왕 즉위에 공을 세운 인물이 창조리를 비롯하여 북부 조불(祖弗), 남부 소우(蕭友)라는 점은 이 시기 정계 운영의 주도권이 나부 출신에서 방위부 출신으로 완전히 넘어갔음을 보여 준다. 또한 사료상 미천왕 이후 나부명이 보이지 않고 있는데 초기 나부의 지배세력이 왕도(王都)로 결집해 방위부로 편제가 완료되었음을 의미한다.[27]

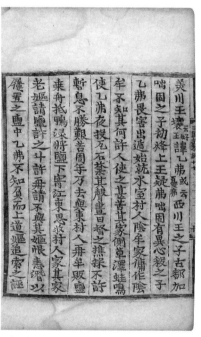

『삼국사기』 고구려본기 미천왕

III. 고구려 후기(後期)의 정변

1. 안장왕 시해와 보연의 즉위

『삼국사기』와『삼국유사』에는 안장왕이 후사 없이 죽자, 아우인 보연(寶延)이 왕위를 이은 것으로 나온다. 하지만『일본서기』에는 531년 안장왕이 시해된 것으로 나온다.[28] 안장왕이 왕위에 오르고도 후사가 없었다는 사실이 주목된다. 이는 불안 요인이다. 안장왕이 동생 보연을 매우 아꼈다는 점을 고려한다면 차기 왕위계승자로 동생을 염두에 두었던 것으로 보인다.

그럼에도 안장왕이 시해된 데는 대내외정책을 둘러싼 정치적 갈등에서 그 배경을 생각해 볼 수 있다. 안장왕 대 정계 개편 시도나 대양중시 정책으로 변화가 엿보이는데 이러한 국정 흐름의 변화가 귀족들의 반발을 불러왔고 시해란 형태로 표출된 것으로 보인다. 따라서 정계 개편을 통한 신진세력의 등장에 대한 견제와 대외정책의 변화 등에 대한 반대를 시해 명분으로 내걸지 않았을까 추정해 본다.

안장왕을 시해한 세력에 대해서는 혼인관계를 통해 엿볼 수 있다. 안원왕에게는 세 명의 부인이 있었다. 이 가운데 정부인(正夫人)에게는 아들이 없었으며 중부인(中夫人)과 소부인(小夫人)이 각각 아들을 낳았다. 그리고 중부인의 아들이 세자(世子)였으며 외가가 추군이며, 소부인 측은 세군이라고 불렸다. 안원왕은 재위 3년 (533) 만에 태자를 책봉했다. 곧 왕위에 오르기 전 최소 두 명의 부인이 있었다. 유력한 왕위계승 후보자인 보연을 중심으로 혼인을 매개로 인척 관계가 형성되었다. 보연도 이들의 추대를 받아 귀족회의의 결정에 따라 왕위에 올랐을 것으로 보인다. 즉, 안원왕의 즉위와 함께 귀족연립정권이 등장하였다는 점에서 정변의 의미를 찾을 수 있다.

2. 추군과 세군의 왕위계승 분쟁

안원왕은 재위 말, 심각한 내란에 직면했다. 『일본서기』에는 백제본기(百濟本記)를 인용하여 545년 고구려에서 추군과 세군의 싸움으로 수많은 사람이 죽었음을 전한다. 아울러 안원왕도 죽었다.[29] 안원왕의 시해 여부는 확인되지 않지만 권력 다툼에 왕은 전혀 관여하지 못했다.

이때 양측이 내세운 명분이 사료에 보이지 않는다. 다만, 중부인이 세자(世子)를 낳았다고 한 만큼 추군은 왕위계승의 우선권이 중부인에게 있음을 내세웠을 것이다. 세군은 소부인의 아들이 왕위계승자로 더 자격을 갖췄음을 내세워야 한다. 세군이 정면으로 도전한 모양새이다. 사망자가 2천여 명이라면 세군이 큰 타격을 받았을 것이다. 정국이 경색되고 추군이 주도권을 행사했다. 왕위계승 분쟁이 가져온 여파는 작지 않았다. 혜량법사가 '나라가 혼란스러워 망할 날이 멀지 않았다.'고 우려할 정도였다.[30]

3. 간주리의 반란

557년 10월 환도성 간주리가 반란을 일으켰다가 진압되었다.[31] 간주리의 난은 사료상 확인되는 지방에서 일어난 첫 반란이다. 환도성은 지방에 있는 성이지만 평양 천도 이전까지 고구려 수도였으며 이후에도 별도(別都)나 삼경(三京)의 하나로 불릴 만큼 정치적 위상이 높았다.

반란의 여파는 작지 않았던 듯하다. 반란이 일어나고 1년이 조금 지난 559년 3월 양원왕이 죽었다. 뒤를 이어 즉위한 평원왕은 560년 2월 졸본으로 가 시조묘에 친사(親祀)하고 돌아오는 길에 이사(二死)를 제외한 사면을 단행했으니 이때 환도성에도 들렀을 것이다.

반란의 명분이나 사회에 미친 영향에 대해 명확히 말하기 어렵다. 다만, 간주리의 반란은 양성(陽成)이 태자로 세워지고 6개월 뒤 일어났다. 이 사건의 진압 과정을 지켜본 양성은 양원왕 대를 반면교사로 삼았을 가능성이 있다. 지방의 민심이 이반되었다는 것은 결코 가볍게 보아 넘길 사안이 아니었다. 유독 평원왕 대 사면(2년), 가뭄에 따른 산천기도(山川祈禱)(5년), 누리와 가뭄에 따른 파역(罷役)(13년), 무휼(撫恤)(23년), 권농상(勸農桑)(25년) 등 민생 관련 기사가 많이 나타난 데는 이 사건이 주었던 여파가 아닐까 생각한다.

4. 연개소문 정변과 보장왕 옹립

642년 10월 연개소문이 쿠데타를 일으켜 영류왕을 시해하고 100여 명을 주살했다.[32] 당연히 승습할 것으로 생각했던 대인(大人)의 자리도 국인들의 동의를 겨우 얻어 이을 수 있었다. 이런 가운데 영류왕과 국인은 연개소문의 '잔흉부도(殘凶不道)'를 문제 삼아 제거하려 했다. 이를 눈치챈 연개소문이 선수를 쳐 정변을 일으킨 것이다.

연개소문이 영류왕을 시해하고 보장왕을 옹립했던 사실을 상기할 때, 고구려 후기 정국에 대한 관심은 정변과 관련한 정치

권력의 구조 해명에 집중되었다. 대체로 연개소문이 집권 뒤 자신과 일족을 중심으로 한 독재 권력을 구축하며 고구려 말기 정국을 주도했을 것이라는 데 공감하고 있다. 세부적으로는 귀족연립정권의 틀 속에서 이해하거나 혹은 귀족연립정권이 무너지고 독재정권을 구축했다고 보는 등 이견이 있다.[33]

정변이 일어난 지 한 달 만에 당은 조문사절(弔問使節)을 파견했다. 당 태종은 연개소문의 정변을 알면서도 전략적으로 활용코자 했다. 이듬해인 643년 윤6월 책봉조서를 보내 보장왕을 책봉했다.[34] 연개소문 입장에서 임금 시해로 초래된 정치적 혼란이 미칠 파장을 고려할 때, 대외정책의 급격한 변화는 더 큰 혼란으로 이어질 염려가 있었다. 결과적으로 보장왕의 책봉을 이끌어냄으로써 정변의 정당성을 대외적으로 인정받았다. 이는 명분상 중요한 의미를 가진다. 당 태종이 고구려 침략의 정당성으로 연개소문의 임금 시해를 들었지만, 정변을 인정해 준 자는 당 태종 자신이기 때문이다. 따라서 연개소문은 이를 명분으로 대당 강경 노선을 취할 수 있는 발판을 마련했다.

연개소문은 병권과 인사권을 쥔 집권적 관직인 막리지에 취임했다. 또한 왕실가와 혼인관계를 맺었으며 주변에 자신의 일족을 배치하여 독재체제 기반을 다져나갔다. 연개소문의 독재와 전시체제가 오랫동안 이어지면서 민심은 이반되기 시작했으며 체제를 이탈해 가는 세력과 '포스트 연개소문'을 둘러싼 세력의 분화를 가져왔다. 그리고 이어진 연개소문의 죽음은 고구려 정국에 또 다른 격랑을 불러왔다.

5. 연씨형제 정변

연개소문이 죽자 뒤를 이어 연남생이 태막리지에 올라 집권했다. 그런데 얼마 되지 않아 연남생이 순행을 나선 틈을 타 아우 남건과 남산이 정변을 일으켰다. 주지하듯, 연개소문 사후 그 아들 사이에 일어난 내분은 고구려 멸망을 초래한 결정적 내인(內因)이었다. 일찍이 668년 시어사 가언충(賈言忠)은 군사(軍事)에 대해 묻는 고종의 질문에 '고구려가 실정(失政)하여 인심(人心)이 따르지 않고 남생 형제가 반목하여 남생이 길잡이가 되었음을 근거로 반드시 멸망할 것'임을 단언했다.[35] 김부식과 권근 또한 사론에서 고구려 멸망의 가장 큰 내인으로 불화(不和)를 지적했다.[36]

연남건과 연남산이 정변을 일으킨 시기는 666년 5월 연헌성의 당 입조를 고려할 때 대체로 665년 말에서 666년 초로 추정된다.[37] 연씨형제들은 각기 자신들을 지지하는 붕당이 있었다.[38] 붕당은 연개소문이 살아 있을 당시, '포스트 연개소문'을 염두에 두며 자연스럽게 생겨났다. 이런 가운데 연남생은 평양성을 두 아우에게 맡겨두고 순행에 나섰다. 그리고 이를 틈 타 사대부(士大夫)라고 불리는 이들이 두 아우에게 돌아오지 못하도록 부추겼음을 전한다. 『신당서』에서는 연남건이 보장왕의 명임을 빙자하여 연남생을 불렀으나 오지 않은 것으로 나온다. 하지만 『일본서기』에는 두 아우가 연남생이 돌아오는 것을 막았다고 전한다.[39]

연남건이 정변을 일으키며 내세운 명분이 무엇인지는 분명치 않다. 다만, 정변 이전 연남생의 행보에 주목할 필요가 있다. 대체로 연남생 집권기 동안 대당유화정책이 눈에 띈다. 그렇다면, 대외정책을 둘러싼 노선의 차이를 예상해 볼 수 있다. 또 하나 연남생의 지도력에 대한 의문도 제기된다. 명분이 무엇이든 연씨형제 정변은 고구려에 악영향을 미쳤다. 최고 집권자의 망명은 주변의 이탈을 가속화시켰다. 고구려는 안으로부터 무너져 내렸다. 심지어 결정적인 순간 연남건과 연남산도 갈라서고 말았다.

연씨형제 정변은 근본적으로 연개소문 정변에 따른 파행적인 정치운영의 연장선상에서 발생한 것이다. 연씨가문의 사적 권력 강화는 주변의 반발을 초래하였으며, 민심을 갈라서게 했다. 그런 점에서 연씨형제 정변은 고구려 멸망을 초래한 결정적 원인이다.

Ⅳ. 맺음말

지금까지 고구려사에서 일어났던 정변들을 일별해 보았다. 이를 정변 주도자(세력), 명분, 결과 등으로 구분해 정리하면 다음과 같다.

연번	연도	주도자(세력)	명분	결과
①	?	주몽	천제(天帝)의 아들	송양 항복/계루부 집권
②	?	유리	주몽의 아들	계루부 내 세력교체
③	44	국인	태자 유소(幼少)	민중왕 즉위
④	53	국인	폭정, 백성 원망	모본왕 시해/태조왕 즉위
⑤	146	수성	노쇠	태조왕 선위(禪位)/차대왕 즉위
⑥	165	명림답부와 군신(群臣)	폭정	차대왕 시해/신대왕 즉위
⑦	190	좌가려 외 연나부	?	진압
⑧	197	발기	연장자 계승	진압

⑨	248	예물과 사구	?	진압
⑩	286	일우와 소발	?	진압
⑪	300	창조리와 군신(群臣)	과도한 노역 등	봉상왕 자결/미천왕 즉위
⑫	531	고려(高麗)	?	안장왕 시해/안원왕 즉위
⑬	545	추군과 세군	?	세군 패배/양원왕 즉위
⑭	557	간주리	?	진압
⑮	642	연개소문	?	영류왕 시해/보장왕 즉위
⑯	666	연남건, 연남산	?	고구려 멸망

　　고구려 정변과 관련한 기록을 정리한 결과, 대략 16건 정도
가 있었다. 전기 11건, 후기 5건이다. 정변 주도자(세력)는 전기와
후기의 특징이 대별된다. 전기의 경우 이주세력 2건(①, ②), 왕실
세력 4건(⑤, ⑧, ⑨, ⑩), 신하 등 국인 5건(③, ④, ⑥, ⑦, ⑪)의 분포를
보인다. 후기의 경우, 중앙귀족세력 4건(⑫, ⑬, ⑮, ⑯), 지방세력
1건(⑭)이다. 전기에 비해 후기는 왕실세력의 비중이 작아지고 귀
족세력들의 정변이 확연하게 높아졌다.

　　정변의 명분으로는 전기의 경우, 천손(1건((①), 혈연(血緣) 1건
(②), 유소幼少 1건(③), 노쇠(老衰) 1건(⑤), 폭정(暴政) 3건(④, ⑥, ⑪),
연장자 계승 1건(⑧), 미상(未詳) 3건(⑦, ⑨, ⑩)이며, 후기의 경우,
미상(未詳) 5건(⑫, ⑬, ⑭, ⑮, ⑯)이다.

　　정변의 결과, 전기의 경우 왕실집단[내] 세력 교체 2건(①, ②),
신왕 즉위 5건(③, ④, ⑤, ⑥, ⑪), 진압 4건(⑦, ⑧, ⑨, ⑩), 후기의
경우, 신왕 즉위 3건(⑫, ⑬, ⑮), 진압 1건(⑭), 멸망 1건(⑯)이다.

　　이상의 자료를 종합해 보면, 정변의 발생 횟수는 전기에 비
해 후기가 적다. 전기에 비해 국내 전승 자료가 거의 남아 있지
않은 자료적 한계에 따른 것이다. 또한 전기에 비해 왕권이 안정

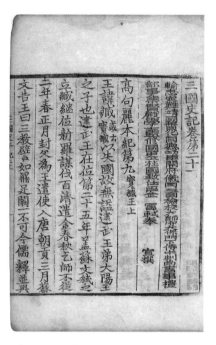

高句麗本紀第九　寶藏王上

三國史記卷第二十

輸忠定難靖國贊化同德功臣開府儀同三司檢校太師守太保門下侍中判尚書吏禮部事集賢殿大學士監修國史上柱國兼太子太保臣金富軾奉宣撰

王諱臧　或云寶臧　以失國故無諡正　正王弟大陽王之子也建正王在位第二十五年　蓋蘇文弑之立臧継位新羅謀伐百濟道金春秋乞師不從

二年春正月封父為王遣使入唐朝貢三月蘇文告王曰三教譬如鼎足闕一不可今儒釋並興

『삼국사기』 고구려본기 보장왕

되고 왕위계승 원칙이 확고해진 것도 염두에 둘 수 있다. 아울러 『수서(隋書)』와 『구당서(舊唐書)』 등에는 반역을 도모한 자에 대한 처벌이 매우 엄격하여 법을 어기는 경우가 거의 없다고 전한다.[40] 이를 고려하면 엄격한 법 적용으로 모반 자체가 적었을 가능성도 예상된다.

다만, 후기라도 왕권이 미약한 6세기 중엽과 7세기 중엽 정변이 일어났다는 점은 유의된다. 특히 3년마다 대대로를 교체하는 데 강약으로 차지하며 연임이 가능하지만 불복할 경우 전투를 벌인다고 한다.[41] 이를 고려하면 정변은 좀 더 늘어날 수 있다.

정변의 명분을 정리해 보면 다음과 같다. 주몽은 천제의 아들이라는 점이 중요하게 작용했으며, 유리왕은 선대왕과 혈연적으로 이어져 있음을 보여 주는 증거로 '칼'을 들었다. 이는 주몽이 활을 통해 송양을 제압해 나가는 '무력'과도 통한다. 즉, 신성한 천손이라는 혈연성과 '활과 칼'이라는 무력 두 가지가 중요하게 다루어졌다. 왕실의 권위와 현실적 힘, 두 가지를 갖춰 나가던 모습을 반영한 것이라고 하겠다.

민중왕 대부터 정변의 명분으로 '유소', '노쇠', '폭정', '과도한 수취와 노역' 등을 내세우기 시작했다. 점차 통치 대상인 백성을 향해 있다는 점이 눈에 띈다. 한 마디로 초기에 신화에 가탁하거나 자격을 논했지만 이후 점차 민생 등 현실 문제로 이어졌음을 엿볼 수 있다. 후기에는 명분을 특정하기 어렵다.

정변 주도 세력이 바뀌어 가는 모습도 어렴풋이 확인된다. 전기에는 혈연을 매개로 한 족적(族的) 기반이 강했다. 차대왕 대는 관나·환나·비류나 등 다수 부세력들이 결집하는 모습을 보인다. 신대왕 대는 지인(至仁)의 가치를 언급하고 있는데, 사상적으로 이를 따르는 세력과 연대하였을 가능성이 있다. 고국천왕 대 신진인사인 을파소의 국상 임명에서도 엿볼 수 있다.

장수왕은 평양으로 천도했다. 이에 따라 학계에서는 국내계·평양계·낙랑대방계·한수 유역계·망명 한인(漢人)계 등으로 구분하고 있다. 이렇듯 지역에 기반한 세력이 보인다는 점은 정치세력의 지형이 바뀌었음을 말한다. 지방 세력인 간주리의 반란도 그러한 연장선 위에서 이해할 수 있다. 다만, 연개소문 정변은 족적 기반을 강화하는 쪽으로 전개되었다.

마지막으로 중앙집권적 고대국가로 나아가는 과정에서 일어난 '정변'의 역사적 의미를 생각해 볼 때, 그에 따른 과제를 실천해 나간 태조왕·신대왕·고국천왕·창조리 정변 등은 긍정적 영향을 보여 준다. 하지만 권력 쟁취에 몰입한 민중왕·차대왕·안원왕·추군과 세군·연개소문·연씨형제 정변 등은 혼란을 야기하였을 뿐 아니라 부정적 영향을 끼쳤다고 생각한다.

"왕위 계승의 혼란 속, 고구려의 새로운 시대가 열리다."

고구려 차대왕의 정변과 초기 왕위계승의 원칙

이종록

고려대학교 한국사연구소 연구교수로 재직 중이다. 저서 및 논문으로 「高句麗와 玄菟郡의 관계와 幘溝漊 설치 배경 검토」(『선사와 고대』 55, 2018), 「1~3세기 고구려의 두만강 유역 지배방식과 柵城」(『역사와 현실』 116, 2020), 『한사군 연구』(공저, 서경문화사, 2022), 「3~4세기 숙신의 성장과 고구려」(『고구려발해연구』 76, 2023), "A Reconsideration of the Account of the Lelang Kingdom (樂浪國) in Samguk Sagi"(International Journal of Korean History 29-2, 2024) 등이 있다.

고구려 차대왕의 정변과 초기 왕위계승의 원칙

이종록(고려대학교 한국사연구소 연구교수)

I. 시작하는 글

『삼국사기(三國史記)』고구려본기(高句麗本紀)에서 '전기(前期)' 혹은 '초기(初期)'에 해당하는 기록에서는 왕위계승 과정에서 발생한 분쟁을 유독 다수로 전하고 있다. 또한 '쿠데타(coup d'état)'로 정의될 수 있는 무장 정변이 발생하여 왕위가 교체된 사례도 빈번하다. 고구려 초기에 일어났던 정변과 이로 인한 왕위계승은 종래 많은 학계의 관심을 끌어 왔으며, 크게 보면 활발한 논의가 이루어진 고구려 초기 정치사 문제와도 직결된 주제이다.

그런데 『삼국사기』고구려본기에서 왕위계승 및 정변에 대한 기록은 세부적인 내용까지 액면 그대로 받아들이기 어렵다는 것이 주지의 사실이다. 이 중 고구려본기의 '초기기사'에 해당하는 기록들은 더욱 신중하게 접근할 필요가 있다. 그 이유는 고구려본기에서 전하는 국왕의 계보부터 많은 논란이 있기 때문이다. 기록상의 국왕들 간의 관계를 분명하게 말할 수 없는 이상, 국왕을 교체하는 원인을 제공한 정변을 논의하는 일에는 시작부터 한계가 있는 것이다.

또한 정변을 통해 정권이 교체되었다면, 후대에는 전대 정권을 폄훼하고 정변의 당위성을 주장하는 기록을 남겼을 것이다. 예를 들어 고구려 초기 신대왕(新大王)의 즉위에 대한『삼국사기』의 기록에서는 전대 차대왕(次大王)이 저지른 실정과 무도한 그의 성품으로 인해 인심을 잃어 정변이 발생했다는 사실을 여러 차례 강조하고 있다. 반면 신대왕은 "성품이 어질고 너그럽다(性仁恕)."[1]라고 하여 차대왕과 대비되는 표현으로 그려낸다. 이를 보면 현존 기록상에서 정변의 당위성을 강조하기 위한 당대 혹은 후대의 선전이 적지 않게 내재되어 있었을 것으로 보는 것이 자연스럽다. 따라서 기존의 여러 연구에서는 실제 정변이 일어난 배경으로 각 부(部) 간의 정치적 알력에 더 무게를 두며, 정변 이후에도 그 배후세력이라고 할 수 있는 연나부(椽那部)가 어떠한 영향력을 발휘했는지 밝혀내는 데 주력했던 것이다.[2]

따라서 고구려 초기의 정변을 논하는 작업은 관련 사료의 성격과 이면에 있는 실상의 문제를 고려할 필요가 있다. 이러한 문제의식 아래 태조왕-차대왕의 승계 과정은 고구려 초기 정변의 전반적인 성격을 이해하기 위해 개별적으로 논의해 볼 가치가 있다. 그 이유는 기록상에서 차대왕의 즉위는 정변을 통해 이루어진 비합법적인 즉위였을 가능성과 정상적인 왕위계승 과정이었을 가능성 모두를 읽어 낼 수 있으며, 이 점이야말로 고구려본기의 정변 관련 기록들의 중요한 성격 일면을 반영한다고 여기기 때문이다.

또한 차대왕의 즉위는 지금까지 숱한 논란이 일었던 고구려 초기 왕위계승원리 혹은 원칙의 문제와 직접적으로 연관된 사항이다. 종래 다수의 연구에서 고구려 초기에 왕위계승의 원칙은 형제간의 계승이라고 보았으나, 한편으로는 이에 대해 많은 반론이 제기되었기 때문에 재론의 여지가 많다. 그렇기에 형제계승의 사례라고 할 수 있는 차대왕의 즉위 과정을 해명할 수 있다면, 반대로 많은 논란이 있는 고구려 초기 왕위계승의 원리를 이해할 수 있는 단서를 제공할 것으로 판단한다. 이에 따라 이 글에서는 차대왕의 정변을 고구려의 왕위계승이라는 측면에서 재해석해 보고자 한다.

II. 고구려 초기 왕위계승의 원칙에 대한 논쟁

고구려본기에서 초기에 해당하는 기간 국왕의 즉위 과정은 다수가 형제, 혹은 동일 세대 구성원 간의 계승으로 이루어진 것으로 전한다. 고구려본기에서는 시조 동명성왕(東明聖王)부터 봉상왕(烽上王)까지 총 14명의 국왕을 기록하고 있는데, 이 중 선대 국왕과 형제 관계인 사례는 4명(민중왕·차대왕·신대왕·산상왕)이다. 그리고 모본왕(慕本王)과 일단 세대수에서 같은 것으로 나타나는 태조왕(太祖王)을 포함한다면 5명이 동일세대 간의 계승으로 이해할 수 있다. 비록 형제간에 왕위를 계승한 사례는 중기나 후기에도 존재하지만[3] 상대적으로 초기에 보다 빈번하게 이루어졌던 것은 분명하다.

기존의 여러 연구에서는 이 현상에 주목하면서 형제간의 왕위계승이 하나의 원칙으로 자리하고 있었다고 보았다.[4] 이들 연구는 단순히 형제간 계승의 빈도가 빈번한 것으로 그치지 않고,

당대 고구려에서 친자보다 형제간의 계승이 원칙으로 우선시되었다고 본 것이다. 김철준·이기백에 의해 처음 '형제계승' 내지 '형제상속'[5]으로 정의된 이 고구려 초기 왕위계승방식은 오랜 기간 통설의 위치에 있었다.[6]

그런데 이와 같은 연구들에서는 초기에 형제계승이 보편적이었던 상황에서 이후 정치·사회적 변천을 겪어 부자계승으로 원리가 변화했다는 단계를 설정하였다는 점에 주목할 필요가 있다. 즉, 형제계승이란 부자간의 왕위계승이 원칙으로 정립될 수 있는 정치·사회구조를 갖추기 이전에 보이는 양상으로, 왕위계승 원칙은 사회발전단계와 함께 변화해 왔다고 본 것이다. 그리고 늦어도 봉상왕 대까지는 형제계승이 부자계승으로 전환되는 시기로 구분하며, 이후에는 부자계승이 왕위계승의 기본원리로 정립되었다고 설명한다.

그런데 이처럼 왕위계승의 원칙에 시기적인 단계를 설정할 경우 초기 3대의 동명성왕~대무신왕(大武神王)이 부자계승으로 즉위하였다는 점이 문제가 된다. 보다 원시적인 방식으로 여겼던 형제계승이 오히려 후대에 나타나는 모순이 발생하는 것이다. 이로 인해 고구려의 왕위계승을 형제계승-부자계승이라는 단계적 전환으로 보았던 연구에서는 고구려본기 초기기사에서 전하는 국왕 간의 관계를 수정해야 하며, 부자지간으로 나타나는 이들의 관계가 실제로는 다른 것으로 이해하곤 했다.

예컨대 초기 5대 왕의 계보가 후대에 변개되었다는 가정에 기초하여 이 문제를 해명하기도 한다.[7] 이에 따르면 동명성왕-유리왕-대무신왕까지의 부자간 계승은 사료 자체를 수정해야 할 필요가 있으며, 그 이후 대무신왕 대부터 신대왕까지의 형제계승이 사실을 그대로 반영했다고 본 것이다. 또는 초기 5대 국왕의 계보는 완전히 허구적인 기록들은 아니며 그 실존과 계보 자체는 인정하지만, 이들은 실제 부자관계가 아니라 영웅적 왕자관에 입각한 비혈연적인 계승 원리로 이루어졌다고 보기도 한다. 그리고 이후 부자관계로 나타나는 국왕들은 부자계승의 원칙이 정립된 이후 부계적 계보 관념에 입각해 재정리했다는 것이다.[8]

그렇지만 고구려본기 초기 기록들에서 전하는 형제간 왕위계승은 여전히 논란의 여지가 있다. 왕위계승이 원칙에 의한 결과인지, 혹은 당대의 특별한 사정으로 인한 결과인지 단언할 수 없기 때문이다. 예를 들어 고국천왕(故國川王)-산상왕(山上王)의 계승관계는 형제계승에 해당하지만, 고구려본기의 기록에서 찾아볼 수 있듯이 어디까지나 고국천왕에게 후사가 없기 때문에 이루어진 사례이다.[9] 또 대무신왕-민중왕과 태조왕부터 신대왕까지 형제간 계승관계는 모두 구체적인 배경을 적어도 고구려본기에서는 뚜렷하게 설명하고 있다.

따라서 형제계승이 원칙이었다고 보는 설에 여러 문제점을 지적하면서 이를 회의적으로 보거나, 고구려의 왕위계승 원리는 일관되게 부자계승이었다고 보는 연구들 또한 여럿 제출되었다. 이러한 연구는 크게 두 가지 방향으로 형제계승설을 부정하는데, 그 하나는 고구려본기의 기록을 긍정하되 형제계승의 사례들이 원칙에 의거한 계승이 아니라는 점을 지적하는 경우이다.[10] 그리고 다른 하나는 여러 의문점이 있는 고구려본기의 국왕 계보를 수정하여 실제로는 형제관계로 볼 수 없다고 이해하는 것이다.[11]

이처럼 고구려 초기의 왕위계승 관계는 '형제계승'이 일반적이었다는 관점은 비록 통설의 위치에 있었다고 해도, 이후 제기된 반론을 고려한다면 여전히 재고할 여지가 많은 사안이다. 이 문제에 대해 여기에서 결론을 내리기는 어렵지만, 고구려 초기 형제계승이 적어도 '원칙'[12]에 따른 결과라고 볼 수는 없을 것이다. 고구려본기에서 전하는 왕위계승에서 형제간의 계승을 가능하게 해 준 보이지 않는 원리가 작용했다고 간주해도, 당대 고구려에서 이를 보장한 어떤 원칙이 존재했다고 보기에는 회의적이기 때문이다.

고구려에서 형제간의 왕위계승은 이를 보장하는 이념적인 규범 내지 원칙을 현존하는 자료에서 확인할 수 없는 것은 물론, 실제로 존재했다고 보기도 어렵다. 만약 형제간의 계승이 원칙에 의거한 결과였다면 이론적으로 이를 통한 계승은 1~2대에 한정되지 않고 이후에도 지속되어야만 했을 것이다. 그러나 동일한 세대에 속하는 인물이 모두 사라진다면 형제계승은 불가능하다. 영속성이 있는 원칙으로 정착하기 어려운 계승 방식인 것이다. 또 동일세대 구성원 간의 승계가 지속될 경우 최초의 혈통으로부터 멀어지는 것은 필연적이다. 즉 후대로 갈수록 오히려 혈통이 제공하는 정통성이 약해지며, 당대의 사정으로 인해 일시적으로 형제간에 계승이 이루어졌다 한들 불변의 원칙으로 공유되었다고 보기는 의심스럽다. 무엇보다도 동일세대가 소진된다면 부자관계 내지 다음 세대로의 계승이 불가피해지며, 곧 '형제계승'은 독립적인 원칙으로서 기능하기 어려워진다.

이 점에서 고구려 형제계승의 사례들을 재검토하며 이를 '세대계승 원리', 혹은 세대주의적 계승 원리로 정의한 연구가 대안으로 주목된다. 이는 동일세대 간에서 계승자의 횡적 폭을 제한한 특정 형제들의 계세를 경유한 후, 이후에 부자계승으로 전환되는 과정을 의미한다.[13] 이를 지적한 연구에서는 태조왕~신대왕대의 높은 연령 및 동세대 간의 즉위에 주목하면서, 이들이 이전 시기(초기 5명의 국왕)에는 비혈연적인 관계 아래 계승했다면 이 시기부터는 특정 혈족 내에서의 계승, 곧 동일세대 간의 계승이 이루어졌다고 추정했다.[14]

상기한 내용에 따른다면 '형제계승'의 문제점, 특히 동일세대의 인원이 소진될 경우 필연적으로 이어질 수밖에 없는 세대교체에 대한 문제를 해명할 수 있다. 그러므로 고구려에서 형제간의 계승을 하나의 원칙에 따른 결과로 본다면 이를 '세대계승'으로 칭하는 것이 더 합리적일 것이다. 그런데 세대계승에서도 왕위는 특정 시기에 다음 세대로 반드시 교체되어야 한다. 즉 어느 시점에서 왕위를 다음 세대에게 넘겨줘야 한다면 그것은 어떤 식으로든 부자간의 계승, 혹은 그에 준하는 수직적인 계승(삼촌-조카등)이 이루어질 수밖에 없는 것이다.

따라서 어느 사회든 국왕의 계승관계란 기본적으로 수직적인 승계가 특정 시점에는 존재할 수밖에 없다. 그렇기에 '세대계승'의 가능성은 향후 자세한 논의가 필요하겠지만, 적어도 고구려에서도 빈번한 형제계승의 사례만을 근거로 초기에 부자계승의 원칙이 존재하지 않았다고 볼 필요까지는 없을 것이다. 즉 고구려에서는 초기부터 왕위계승은 부자계승이 기본적인 원칙이었으며, 형제간의 계승은 당대의 특수한 사정으로 인해 이루어진 것으로 보아야 한다고 생각된다. 그리고 초기에 유독 형제계승이 빈번했던 별도의 사회적 배경을 가정하고 이를 추적하는 것이 고구려의 왕위계승에 대한 좀 더 안전한 접근 방식이 아닐까 싶다.

이러한 관점에서 고구려 초기 형제계승을 정당화하는 사례, 즉 아들이 있었는데도 형제간의 계승을 우선시했던 사례를 논의해 볼 필요가 있다. 그런데 고구려본기에서 전하는 형제간의 계승은 민중왕의 사례만 제외하면 모두 사료 내에서는 납득할 만한 배경에 제시되고 있었다. 예컨대 산상왕 같은 경우 고국천왕이 자식이 없는 특수한 상황에서 즉위가 이루어졌던 것이다. 오로지 민중왕의 경우만이 대무신왕의 사후 태자로 해우(모본왕)가 있었음에도 즉위했던 사례로 나타난다. 기존 연구에서는 이를 형제계승의 원칙에 따른 결과로 이해하기도 했지만, 상술한 문제를 감안한다면 그 성격도 재고해야 할 것이다.

주목할 점은 민중왕의 사후에는 원래 태자로 있었던 해우가 즉위하면서 본래 대무신왕 사후에 이어져야 했던 부자간의 계보가 복원되었다는 것이다. 그리고 이 상황은 기존에 형제계승과 함께 논의되었던 고구려의 형사취수혼과 관련이 있었다.

III. 고구려의 왕위계승과 형사취수혼의 관계

『태평어람(太平御覽)』에 인용된 『위략』에서는 고구려의 혼인 풍속에 대해 "형이 죽으면 또한 [아우개] 형수와 통하였다."라는 고구려의 형사취수혼(兄死娶嫂婚)[15] 습속을 전하고 있다.[16] 형사취수혼이란 고구려의 혼인 습속으로서 종래 많은 연구에서 관심을 기울

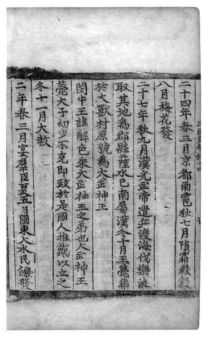

『삼국사기』 고구려본기 민중왕

인 주제로, 이와 관련된 고구려의 혼인제도 자체에 대한 연구도 여럿 제출되어 왔다.[17] 특히 유일한 실제 사례라고 할 수 있는 산상왕과 고국천왕의 왕후 우씨(于氏)와의 결합을 통해 당대 고구려의 정치적 지형 및 구조를 분석하는 연구는 최근까지도 꾸준히 제기되어 왔다.[18] 초기 왕위계승을 형제계승으로 이해하는 입장에서는 취수혼이 과거 형제상속의 유제 내지 부자상속을 억제하는 기제로 작동했다고 보기도 하며 그 연관성을 주목해 왔다.[19] 특히 한 연구에서는 취수혼과 형제계승의 관계를 서로 적합적(適合的)으로 정의하면서 이것이 사회에서 친족원 간의 집단성을 강하게 유지해 주는 수단이자, 동생이 국왕으로 즉위할 수 있게 만든 배경의 하나로 이해하였다.[20]

취수혼이 형이 죽은 후 동생이 형수와 형의 나머지 식솔들을 차지하게 되는 습속이라는 점과 더불어, 산상왕의 즉위 과정에 개입하는 왕후 우씨의 사례를 본다면 취수혼은 고구려의 '형제계승'과 병행하는 동시에 상보적인 제도로 이해될 수도 있다. 그런데 취수혼은 넓은 의미에서는 오히려 부자계승을 보조하기 위한 수단이 될 수 있었다는 것을 주지할 필요가 있다. 취수혼은 비록 전통시대의 보편적인 습속은 아니지만 세계 곳곳에서 드물지 않게 발견된다. 취수혼은 전통사회에서 일반적으로 미망인과 그녀의 자식들을 사회적으로 보호하기 위한 장치인 한편, 남편과 아내의 친족 간 결합을 지속하는 목적이 있었다고 전해진다.[21]

그런데 취수혼에서 중요한 요소는 이를 통해 결합한 부부가 낳은 자식들은 원칙적으로 재혼한 남편(동생)이 아닌 죽은 남편(형)의 자식으로 취급한다는 점이다. 이는 『구약성서』 등에서 보이는 유대 민족에서 나타나며, 수단의 누에르(Nuer)족과 같은 취수혼의 풍습을 가진 여타 집단에서도 확인할 수 있다.[22] 따라서 일족 내에서 취수혼이 이루어질 경우 혈통은 동생의 직계로 전이되는 것이 아니라 죽은 형의 혈통, 그리고 이에 따른 권위가 여전히 유지되고 있었던 셈이다. 동생이 일시적으로 지위를 승계하고 동생-형수 사이의 후사가 그 지위를 이어간다고 해도, 이는 죽은 형의 후계자라는 입장을 통해 가능했던 것이다.

기존 연구에서도 취수혼의 성격에 주목하면서 이것이 고구려에서 죽은 형의 후사를 잇기 위한 목적으로 이루어졌으며, 형제계승보다는 오히려 부자계승과 밀접하게 연관된 풍습이었다고 지적하였다.[23] 이를 수용하면 취수혼은 부자계승의 원칙 속에서 장기적으로는 동생-형수의 결합을 통해 죽은 형으로부터 아들로 이어지는 관념상의 계보를 유지하기 위해 이루어졌다고 보아야 한다. 그리고 고구려에서 형제간의 승계가 취수혼과 함께 이루어지고 있었다고 가정하면, 그것은 기본적으로 즉위한 형제가 선왕의 계보를 이어간다는 의미가 더 강했다고 보는 것이다.

물론 고구려에서 취수혼을 통해 결합한 이후 낳은 자식들이 실제로 죽은 형의 자식으로 취급되었는지는 확인할 방법은 없다. 그렇지만 대무신왕-민중왕-모본왕의 계승 사례를 감안하면 고구려의 취수혼에서도 같은 관습을 가지고 있었을 가능성이 크다. 민중왕과 모본왕은 대무신왕의 동생, 즉 아들에 해당하는데, 상술한 것처럼 기존 연구에서는 해우가 태자로 책봉되었는데도 정작 왕위는 대무신왕의 형제인 민중왕이 물려받았다.[24] 이를 고려하여 민중왕은 형제계승의 원칙, 혹은 원리가 작동했던 사례로

지목하기도 한다.[25]

　그렇지만 민중왕 사후 즉위한 이는 아들이나 여타 동일세대의 인물이 아니라, 대무신왕 대에 태자로 책봉된 해우였다(C-3).[26] 당대의 국왕인 민중왕의 직계 혈통이 우선시되는 것이 아니라 그 형인 대무신왕의 혈통, 혹은 태자로서의 위치에 따라 즉위했던 것이다. 해우가 현실의 권력자였던 민중왕의 뒤를 이어 다음으로 왕위를 계승하였던 이유는 역시 본래부터 대무신왕과 부자관계였기 때문으로 보아야 할 것이다.[27] 곧 고구려 초기의 왕위계승의 원칙은 부자계승이었지만, 형제계승은 민중왕-모본왕의 관계처럼 부자계승이 여러 정치적 사정으로 인해 원활하게 진행되기 어려울 경우, 이를 보강하고 직계 후손을 보호하기 위해 이루어졌다고 여겨진다. 그리고 동생이 대신 왕위에 오를 경우에는 이후 형의 어린 아들, 혹은 형수와의 결합을 통해 낳은 자식들이 죽은 형의 자식의 신분으로 그 계보를 이어갔던 것이다. 동생이 즉위할 때 해당 국왕은 선대 국왕의 계보를 지속시키기 위한 중간자의 역할이었으며, 취수혼의 근본적인 목적을 공유하고 있었다. 즉 고구려의 왕실에서 취수혼은 후사가 없는 경우를 위한 보조적인 수단으로 활용되었다고 추정할 수 있다.

　이와 같은 고구려의 왕위계승에서 형제간의 계승이 가지고 있는 성격은 다음 고구려본기의 기록들에서 간접적으로 반영되었을 가능성이 엿보인다.

　B-1. 가을 7월. 수성이 왜산(倭山)에서 사냥하면서 측근들과 잔치를 열었다. 이때 관나(貫那)의 우태(于台) 미유(彌儒), 환나(桓那)의 우

타(于台) 어지류(菸支留), 비류나(沸流那)의 조의(皂衣) 양신(陽神) 등이 수성에게 몰래 말하기를 "처음 모본왕이 죽었을 때 태자가 못나서 신료들이 왕자 재사(再思)를 왕으로 세우려 하였지만, 재사가 연로하여 아들에게 양보하였습니다. 이것은 '형이 늙으면 동생이 잇게 하는(兄老弟及)' 것을 바랐기 때문입니다. 지금 왕이 이미 늙었는데 선양할 뜻이 없으니, 당신은 [왕위를 차지할] 계획을 세우셔야 합니다." 라고 하였다.[28]

B-2. (전략) 발기(發歧)가 이를 듣고 크게 노하여 병사를 동원해 왕궁을 포위하고 소리쳐 말하기를 "형이 죽으면 아우가 잇는 것이 예의이다(兄死弟及禮也). 너는 차례를 뛰어넘어 후계를 찬탈하였으니 큰 죄이다. 의당 빨리 나오너라. 그렇지 않으면 처자식들까지 모두 주살할 것이다."라고 하였다.[29]

위 기록 중 B-1은 수성(차대왕)과 그 측근들이 왕위의 찬탈을 논하는 내용이다. 여기에서 우태 미유는 "형이 늙으면 동생이 잇게 하는(兄老弟及)"이라고 하며 태조왕의 부친 재사(再思)의 사례를 들어 수성이 태조왕의 뒤를 잇는 형제계승을 정당화하고 있다. 또 산상왕의 즉위 과정에서 일어난 발기의 반란에서, 발기는 "형이 죽으면 아우가 잇는 것이 예의이다(兄死弟及禮也)."라고 한다.

"형이 죽으면 아우가 잇는다(兄死弟及)."는 발기의 발언은 기존 연구들이 고구려의 형제계승 관념을 반영하는 증거로 보기도 했다.[30] 그런데 "형사제급(兄死弟及)"이라는 용어는 중국 사서에서도 그 용례를 찾을 수 있는데, 대표적으로 『춘추공양전(春秋公羊傳)』 소공(昭公)조와 『사기(史記)』 송미자세가(宋微子世家)에서 전하는 다음 기록들이 있다.

C-1. 겨울 10월. 왕자 맹(猛)이 죽었다.

[그는 한 해를 넘기지 못한 군주였다. 이를 '왕자 맹이 죽었다'라고 칭한 것은 어째서인
가? 합당하지 않기 때문이다. 합당하지 않은 것은 무엇인가? '아버지가 죽으면 아들이
잇고, 형이 죽으면 동생이 있는(父死子繼 兄死弟及)' 사(辭)에 합당하지 않은 것이
다.][31]

C-2. 선공(宣公)에게는 태자 여이(與夷)가 있었다. 19년 선공이 병
에 걸리자 그의 동생 화(和)에게 선양하며 말하기를 "아버지가 죽
으면 아들이 잇고, 형이 죽으면 동생이 이으니(父死子繼 兄死弟及) 그
것이 천하에 통용되는 의(義)다. 그렇기에 나는 화를 왕으로 세우
는 것이다." 화는 세 번 사양하였으나 결국 이를 받아들였다. 선
공이 죽자 동생인 화가 즉위하니, 그가 목공(穆公)이다.[32]

먼저 『춘추공양전』의 소공 20년조에서는 주(周) 도왕(悼王)의
즉위와 사망에 관해 설명하고 있다. 도왕 희맹(姬猛)은 부친인 경
왕이 사망한 후 즉위하였는데, 당시 경왕의 총애를 받던 서자이
자 장자인 희조(姬朝)가 이에 불복하며 반란을 일으켰다. 도왕은
결국 희조에게 추방당한 후 그 해를 넘기지 못하고 사망한다. 이
에 대해 공양전에서는 도왕을 "왕자 맹이 죽었다(王子猛卒)."라고
하여 '왕자'라고 칭한 것에 대해 그의 즉위가 "아버지가 죽으면
자식이 뒤를 잇고, 형이 죽으면 동생이 뒤를 잇는 것(父死子繼 兄死弟
及)"이라는 "사(辭)"를 위반하고 형을 앞질러 즉위했기 때문이라고
해설했던 것이다.

또 『사기』 송미자세가의 기록은 송 선공이 동생 화(和)에게 선양하면서 그 명분으로 "아버지가 죽으면 자식이 뒤를 잇고, 형이 죽으면 동생이 뒤를 이으니, 이것이 천하에 통용되는 의다(父死子繼 兄死弟及 天下通義也)."라고 말한다. 곧 '형사제급'이란 전한 이전에 존재하였던 관용구로 상기 예시처럼 '부자사계(父死子繼: 아버지가 죽으면 아들이 잇는다)'와 함께 사용되었다. 고구려의 전통적인 관념을 반영했다고 볼 수도 없으며 본래부터 형제간의 계승에만 한정된 용어가 아닌 것이다.

그런데 주목할 부분은 송 선공이 동생 화에게 선양했을 당시 선공에게는 이미 태자 여이(與夷)가 있었지만, 동생에게 왕위를 물려주었다는 점이다. 이후 목공(和)이 임종을 맞을 당시 군신들이 모두 목공의 아들 풍(馮)을 다음 왕으로 세우는 것을 건의하였으나, 목공은 전대 왕이 태자 여이가 있었지만 자신에게 지위를 물려준 사실을 잊을 수 없다며 여이에게 왕위를 물려주었다. 그리고 군자(君子)들이 이를 듣고 목공이 의를 다하였다고 칭찬했다는 사실을 전한다.[33]

이러한 송의 지위 승계 과정은 앞서 논의한 대무신왕~모본왕 대의 즉위 과정과 유사하다. 이 유사성을 보면 후대 고구려인들이 『춘추공양전』 내지 『사기』의 고사를 참고하여 선대 국왕들의 즉위 과정을 윤색했다는 가정도 가능하겠으나, 전술한 것처럼 기본적인 계보까지 완전히 왜곡했다고 보기는 어렵다. 따라서 이 유사성은 고구려 역시 송처럼 전통적인 부자계승의 관념에 따라 즉위가 이루어졌음을 방증한다고 보아야 할 것 같다. 비록 고구려에서도 선공-목공의 즉위 과정처럼 경우에 따라서는 국왕의 동생 내지 친족의 어른이 왕위를 물려받기도 했으나, 이후에는 죽은 형의 혈통에 따라 지위를 승계하는 것을 올바른 방식으로 인식하고 있었다는 것이다. 고구려에서 이루어진 형제계승은 부자계승에 대비하거나 대립하는 방식이 아니라, 부자계승이라는 기본 원칙에서 당대의 정치적 현실에 따라 유동적 혹은 절충적인 형태로 이해해야 한다.

다시 말해 고구려에서는 부자계승의 원칙이 일반적이었지만 당대의 정치적 사정, 예컨대 태자가 어려 그 지위가 불안한 상황이나 주변 정치세력의 이해관계에 따라서 형제간에 왕위를 계승하기도 했다. 민중왕-모본왕의 즉위는 부자계승이 완전하게 정착하지 못했던 방증으로 볼 수도 있겠으나, 반대로 불안정한 부자계승을 절충, 혹은 보완하기 위해 형제간의 왕위계승이 이루어졌던 것이다.

Ⅳ. 차대왕의 즉위 과정과 정변의 배경

고구려본기의 기록에 따르면 차대왕은 태조왕의 '동모제(同母弟)'로 나타나며, 그의 즉위는 형제계승의 사례로 이해하는 경우가 대부분이다. 그렇지만 이들의 혈연관계가 실제 어떠한 것이었는지에 대해서도 의문의 여지는 있다. 그것은 태조왕이나 차대왕 모두 비정상적으로 생존 기간이 길고, 매우 고령에 즉위한 것으로 보이기 때문이다. 이로 인해 두 사람을 『후한서(後漢書)』에서 전하는 것과 같이 부자관계로 보거나[34] 혹은 혈연이 없는 의제적 관계로 추정하기도 하지만,[35] 보다 많은 연구가 태조왕과 차대왕이 형제관계이거나[36] 적어도 방계의 형제관계[37]로 보고 있다.

차대왕의 즉위 과정에 대한 고구려본기의 기록들은 상술한 태조왕조 후반부 80년(132)에 측근들이 모반을 제안하는 기록부터 태조왕 94년(146) 7월, 수성이 측근들에게 직접적으로 모반을 구상하기 위한 책략을 요구하는 기록[38]까지 그의 역심(逆心)을 강조하는 기록들로 점철되어 있다. 그런데 정작 모반 계획이 구체적으로 어떻게 실행되었는지는 상술하지 않은 채, 같은 해인 태조왕 94년 12월(146)에 태조왕이 선양하여 차대왕이 즉위한 것으로 전한다.[39] 이 기사만을 두고 보자면 차대왕은 무력을 통한 정변이 아닌 일견 평화적인 방식으로 왕위를 계승하고 있었다. 그러나 그 이전의 모반 계획이나 즉위 후 태조왕의 아들 막근(莫勤)을 살해하는[40] 등의 전후 사정을 감안하여 여러 연구에서는 사실상 정변을 통한 즉위로 이해하곤 했다.[41]

그러나 차대왕이 즉위하기 전부터 모반을 꾸미고 있었다거나, 그 사이에 기록된 여러 무도함을 강조하는 기록들이 실제 역사적 사건을 어디까지 반영하는지는 판단하기 어렵다. 앞서 언급한 것처럼 태조왕-차대왕-신대왕의 즉위 과정이 모두 정상적인 승계로 이루어진 것이 아니라면, 당대에나 후대에나 어떻게든 자신의 즉위에 대한 정당성을 선전했을 것이기 때문이다. 즉 수성의 역심을 나타내는 기록, 혹은 반역 자체가 신대왕이 수성을 격하하기 위해 여러 차례 윤색을 가한 결과였을 가능성도 적지 않다.[42]

그렇지만 전후의 맥락을 고려하면 태조왕-차대왕은 형제관계였으며, 차대왕이 정변을 통해 즉위했다고 보는 것이 가장 자

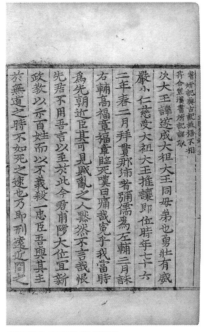

『삼국사기』 고구려본기 차대왕

연스럽다. 그렇지 않다면 수성의 역심을 강조하는 기록들이 신대왕 대 이후 창조되었다고 볼 수밖에 없지만, 그 경우 태조왕 94년 10월 우보 고복장(高福章)이 수성 숙청을 건의했을 당시 태조왕이 이를 거절하며 그에게 선양을 생각하고 있다는 기록[43]이 남아있는 것은 역으로 이해하기 어려워진다. 또 태조왕의 선양-차대왕의 즉위 또한 정변을 통해 이루어진 것으로 윤색해야 자연스러운데도 정작 해당 기록에서는 승계 과정을 정상적인 선양처럼 서술했던 것이다.

따라서 차대왕은 정변을 통해 즉위하였으며, 94년 12월조의 선양 기사는 오로지 그의 일파가 태조왕에게 선양을 강제하였다고 보는 편이 사료의 맥락상 더 정합적이다. 그렇지만 차대왕이 정변을 통해 즉위했다면 94년 10월조에서 태조왕이 수성에게 선양을 계획하고 있었다는 정황은 어떻게 이해해야 할까? 아울러 그 직전의 정변에 대한 모의에서 "대왕이 늙었으나 죽지 않고 내 나이도 장차 저물어 가니 기다릴 수 없다."는 발언처럼 수성이 왕위계승의 후보자로 자처하고 있던 상황도 설명해야만 한다. 말하자면 수성의 입지는 승계가 이미 보장되었던 동시에, 그렇지 못하여 정변을 일으켰다는 일견 모순되는 두 가지 입지를 가지고 있었던 것이다.

이러한 모순된 정황은 고구려에서는 부자계승이 기본적인 원칙이었지만 민중왕-모본왕처럼 형제간의 계승이 이루어지기도 했던 점, 그리고 그 경우에는 이후에 직계 혈통을 가진 후계자가 지위를 다시 물려받는 것이 통례였다고 가정하면 이해할 수 있다. 즉, 수성은 태조왕에게 아들들이 존재했음에도 즉위를 일단 보장받았던 것으로 보인다. 그런데 이 지위는 과거 민중왕이 그러했던 것처럼 본인 사망 후 막근·막덕과 같은 태조왕의 직계 자손에게 왕위를 물려주는 것을 전제로 삼은 중간자와 같은 역할이었던 듯하다. 반대로 말하자면 상황에 따라 수성의 승계 자체가 언제든 취소되고 막근과 같은 태조왕의 직계 혈통에게 돌아갈 수 있었다는 의미다.

태조왕 80년 처음 수성의 측근들이 모반을 제의하고, 수성이 이를 거절했을 때와 태조왕으로부터 선양을 받은 시점은 10여 년 가까이 차이가 난다. 고구려본기의 기록에 따르면 태조왕은 그 후로도 10여 년 이상이나 장수하였으며, 가만히 기다리고 있었다면 언제든 수성이 아닌 막근·막덕에게 왕위가 돌아갈 수 있었다. 비록 태조왕은 94년 7월 고복장에게 말했던 것처럼 예정대로 수성에게 계승할 계획이었다고 해도, 수성의 입지는 처음 미유·어지류가 모반을 제의했을 때와 달라졌던 것이다.

따라서 수성의 입장에서 "대왕이 늙었으나 죽지 않고 내 나이도 장차 저물어 가니 기다릴 수 없다."는 것은 위와 같은 사정을 반영하는 말이었다고 봐야 한다. 수성은 시간이 흐르면 노쇠한 본인을 넘어 막근 등이 즉위할 수 있는 상황에 위기감을 가지는 동시에, 그를 위시하는 측근 세력에 대한 정치적 고려에 따라 정변을 일으켰던 것이다. 그러므로 태조왕 94년 12월조에 전하는 태조왕의 '선위(禪位)'란 실제로는 수성과 그의 세력이 무력을 동반하여 태조왕에게 강제로 왕위를 요구했던 결과였다.

물론 선위 자체가 강제로 이루어진 상황이라고 보는 것은 사료에서 직접적으로 드러나지 않아 어디까지나 추측에 불과하다.

비록 전후에 태조왕과 갈등이 존재했다고 해도 선위 자체는 태조왕의 의지가 반영되어 정상적으로 이루어졌던 결과로 이해할 수도 있다. 그러나 수성이 태조왕 94년 7월 모반을 본격적으로 결심한 해에 선위가 바로 이어졌던 반면, 태조왕은 선위 이후에도 상당 기간 살아 있었다. 즉 태조왕이 단순히 자연사하는 것을 기다리는 것만으로는 수성이 확실히 왕위를 물려받을 수 없었으며, 역설적으로 당시 고구려에서 형제의 입장으로 왕위에 오르는 것이 어떤 원칙하에서 이루어졌는지를 반영하고 있었던 셈이다.

이처럼 정변을 통해 즉위한 수성(차대왕)은 본래 막근·막덕에게 돌아가야 할 계보에서 자신의 아들로 계승관계를 전환하였으며, 그것이 막근을 살해하고 아들인 추안(鄒安)을 태자로 삼은 것으로 나타났다.[44] 말하자면 상기한 송 목공이 군신들의 제안을 거부하고 본래 선공의 태자에게 지위를 물려준 것과 달리, 차대왕의 경우 정상적으로는 태조왕의 후손이 물려받았어야 하는 계보를 부정하고 자신의 직계 후손으로 계보를 전환하려 했다고 볼 수 있다.

정리하자면 고구려에서는 이른 시기부터 부자계승의 원칙이 왕위계승의 원칙으로 작용하고 있었다. 그렇지만 여러 지역 정치집단 간의 이해관계와 국왕의 권위가 완전히 보장되지는 못한 상황에서, 사정에 따라서는 선대 국왕의 동생이 계승하기도 했다. 그럼에도 이는 부자계승이 기본적인 원칙인 상황에서 특별한 상황에 대한 보완 조치였으며, 승계가 이루어진 이후에도 취수혼 등을 통해 기존의 계보를 이어가는 것이 일반적인 원리였다고 추측한다.

V. 맺는 글

　지금까지 고구려 초기에 나타난 여러 정변에 대한 문제에서 정변의 하나로 이해한 차대왕(수성)의 즉위 과정에 대해 살펴보고, 초기 왕위계승 원칙과의 관계에 대해 논의하였다. 먼저 본고에서는 기존의 여러 선학들이 논의를 거듭한 고구려 초기의 왕위계승에 대한 여러 설과 관련 쟁점을 다시 검토했다. 이에 따라 오랜 기간 통설의 위치에 있으며 지금도 여전히 다수의 연구에서 취신하고 있는 '형제계승'이 왕위계승의 기본 원칙이라는 점에는 재고의 여지가 있다고 보았다. 그리고 형제계승이 영속성을 지닌 원칙으로 고구려 초기부터 존재했다고 보기 어려운 이상, 기본적인 원칙은 부자계승으로 이해했다.

　그리고 이 문제와 관련하여 취수혼의 보편적인 성격에 대해 살펴보며, 취수혼은 동생과 형수와의 결합한 이후에 나온 후사가 죽은 형의 계보를 잇는다는 원칙에서 이루어졌다는 것을 확인했다. 이를 감안하여 종래 형제계승과 밀접한 관련이 있는 사항으로 간주되어 왔던 고구려의 취수혼은 넓은 의미에서는 부자계승을 보완하기 위한 관습으로 보았다. 이에 따라 고구려에서 형제 간의 왕위계승은 즉위한 동생이 사망한 후 죽은 형의 혈통이 지속되는 것을 전제했다고 추정한다. 이러한 원칙하에 차대왕은 본래 즉위가 가능했다고 해도 이후에는 태조왕의 직계 후손에게 왕위를 물려주어야 했지만, 정변을 통해 왕위를 차지하고 본인의 직계 후손으로 계보를 전환하였다고 추정해 보았다.

"백제의 정변, 고대 동아시아 권력 지형의 재구성을 보여주다"

『일본서기(日本書紀)』에 보이는 백제의 정변에 대한 고찰

홍성화

건국대학교 글로컬캠퍼스 교수로 재직 중이다. 저서 및 논문으로 「石上神宮 소장 七支刀의 신해석에 대한 추가 쟁점 연구」(『백제연구』 78, 2023), 「隅田八幡神社(스다하치만신사) 인물화상경에 대한 일고찰」(『한국고대사탐구』 43, 2023), 『왜 5왕: 수수께끼의 5세기 왜국 왕』(살림출판사, 2019), 『칠지도와 일본서기: 4~6세기 한일관계사 연구』(경인문화사, 2021), 『일본은 왜 한국역사에 집착하는가』1,2(시여비, 2023, 2024) 등이 있다.

『일본서기(日本書紀)』에 보이는 백제의 정변에 대한 고찰

홍성화(건국대학교 글로컬캠퍼스 교수)

I. 시작하는 글

백제의 초기 정변에 대해서는 그동안 백제의 왕위계승과 관련하여 이해되어 왔다. 고이계(비류계)와 초고계(온조계)로 나누어 왕실이 교체했다는 견해, 백제의 왕성을 부여씨(온조계)와 해씨(비류계)로 들고 해씨 왕으로 다루, 기루, 개루가 있었으며 한편으로는 부여씨의 방계로 이어져 왔다는 견해 등 다양한 입장이 있다. 하지만 『삼국사기(三國史記)』에 등장하는 단편적인 기록을 통해서는 그 실체를 명확하게 파악하지 못하고 추론에 그치고 있는 실정이다.

한편, 근초고왕 이후 백제의 상황을 알 수 있는 기록으로는 『삼국사기』 외에 『일본서기(日本書紀)』가 있다. 백제계 사료라고 할 수 있는 「백제기(百濟記)」, 「백제신찬(百濟新撰)」, 「백제본기(百濟本記)」 등 백제삼서를 기반으로 쓰인 것으로 보이기 때문에 『일본서기』에 나오는 백제 관련 사료를 『삼국사기』와 비교·검토하게 되면 백제의 현황을 구체적으로 파악할 수 있을 것으로 생각된다.

『삼국사기』의 기사 중에서 백제가 처음으로 왜국과 외교 관계를 맺은 것은 아신왕 6년(397년)으로 나온다. 그러나 『일본서기』

진구(神功) 46년조에 나오는 백제와 왜국의 교류를 통해 근초고왕 21년에 백제와 왜국(倭國)이 처음으로 공적인 외교관계를 수립했던 것으로 보는 것이 통설이기도 하다.

물론 『일본서기』에는 다수의 한반도 관계 기사가 적시되어 있지만, 후대의 번국(藩國)사관으로 기술되어 야마토 정권이 한반도 남부를 지배한 것을 전제로 하기에 윤색한 부분을 덜어낸 후 정밀한 사료의 분석을 통해 역사적 사실을 파악해야 할 필요가 있다. 이에 본고에서는 『일본서기』의 백제 관련 기사를 살펴보면서 『삼국사기』 등의 사료와 상호 비교·검토를 통해 백제의 정변 현황을 고찰하고자 한다.

II. 진사왕, 아신왕 대의 정변

『일본서기』를 통해 최초로 백제의 정변 현황을 파악할 수 있는 것으로는 진사왕(辰斯王) 즉위의 기록이 있다.

『일본서기』 진구 65년(2주갑 수정 385년) 기사에는 백제 침류왕(枕流王)이 죽자 왕자 아화(阿花)가 어렸기에 숙부인 진사가 왕위를 찬탈한 것으로 기록되어 있다. 반면, 『삼국사기』 진사왕 즉위(385년) 기사에는 침류왕의 태자였던 아신(阿莘)이 어리다는 이유로 진사가 왕으로 즉위했다고 나올 뿐 찬탈했다는 기록은 보이지 않는다.

이에 대해서는 일찍이 백제의 왕위계승이 형제상속에서 부자상속으로 이행하는 과도기에 나타나는 형제상속의 실례(實例)로 보는 견해가 있었다. 또한 진사왕이 왕위계승권자인 어린 조카의 왕위를 빼앗았음에도 아신의 일신에는 변화가 없었다는 점, 또 별다른 지배세력의 변화도 보이지 않았다는 점에서 진사왕의 즉위가 정변을 통해서 이루어진 것이 아니라는 견해가 있다.

하지만, 진사왕이 조카였던 아신의 왕위를 빼앗아 즉위했을 가능성은 『삼국사기』에 보이는 진사왕의 죽음과 관련한 기록을 통해 그 실상을 살펴볼 수 있다. 『삼국사기』 진사왕 8년조에서는 392년 진사왕이 구원(狗原)에 사냥을 나가 돌아오지 않다가 그곳 행궁에서 사망한 것으로 되어 있어 우회적이지만 정상적인 죽음이 아님을 암시하고 있다.

이와 관련하여 『일본서기』 오우진(應神) 3년조(2주갑 수정 392년)에는 "이해 백제의 진사왕이 왕위에 있으면서 귀국(貴國)의 천황(天皇)에게 실례(失禮)를 하였으므로 기노쓰노노스쿠네(紀角宿禰), 하타노야시로노스쿠네(羽田矢代宿禰), 이시카와노스쿠네(石川宿禰), 쓰쿠노스쿠네(木菟宿禰)를 파견하여 무례(无禮)를 책망하였다. 이로 말미암아 백제국에서 진사왕을 죽여 사죄하였다. 기노쓰노노스쿠네 등은 아화(阿花)를 왕으로 세우고 돌아왔다."라는 기록이 있다.

따라서 『삼국사기』와 『일본서기』에 보이는 진사왕 사망 시의 정변 기록을 통해 침류왕의 때 이른 죽음이 자연사가 아니라 불교수용에 따른 대립과 갈등에 기인했을 것이라는 견해가 있다. 즉, 반(反) 불교 세력이 진사왕을 옹립하여 왕위를 찬탈했다가 불교수용 이후 단명한 침류왕의 정책을 이어 아신왕이 즉위한 것으로 보는 것이다.

일단 불교수용에 따른 대립과 갈등으로 정변이 일어났는지에 대해서는 자세한 경위를 파악하기 어려운 부분이 있다. 하지만, 진사왕의 즉위는 침류왕의 단명과 태자 아신이 어렸다는 기록 등을 통해 변칙적인 즉위임을 상정할 수 있다. 아신왕이 죽자 전지가 왕위계승자임에도 불구하고 숙부였던 설례(碟禮)가 스스로 왕을 칭했던 사례에서 보이는 것과 같이 진사왕의 경우도 정상적인 즉위가 아닌 정변을 통해서 이루어진 것으로 보고 있는 것이 대체적인 견해라고 할 수 있다.

진사왕의 죽음과 관련해서는 『삼국사기』 중 궁실을 수축하여 연못을 파고 산을 만들어 기이한 새와 화초를 길렀다는 기록을 근거로 궁실 수축 등 국력을 소모했던 것이 왕위계승 분쟁에 영향을 주었을 것으로 판단하기도 한다. 또한 고구려의 침공을 소극적으로 방어했던 진사왕에 의해 갈등의 골이 깊어졌던 반(反)진사 세력이 아신왕을 즉위시켰다고 볼 수도 있다.

그렇다고 한다면 진사왕이 왜국에 실례를 해서 죽임을 당했고 아신왕의 즉위에 왜국이 개입한 것처럼 씌어 있는 『일본서기』 오우진 3년조의 기록은 어떻게 이해해야 할까?

일찍이 일본학계에서는 이 기록을 사실로 보아 백제의 왕위계승에 왜국이 관여한 것으로 보기도 했다. 미시나 쇼에이(三品彰英)의 경우는 기노쓰노노스쿠네를 비롯한 4인은 전승상의 인물인 다케우치노스쿠네(建(武)內宿禰)의 아들로서 조작된 것이지만, 당시 왜의 무장들이 백제를 복속시킨 점은 역사적 사실이기 때문에 단순한 조작이 아니라고 주장하기도 했다. 그는 광개토왕비문(廣開土王碑文)에 등장하는 신묘년조(辛卯年條)가 영락(永樂) 원년(元年) 391년이므로 1년의 오차가 있지만 392년 진사왕의 사망에 기노쓰노노스쿠네 등이 개입한 사건을 광개토왕비문의 신묘년조와 연결시키기도 하였다.

일단 『삼국사기』와의 비교를 통해 진사왕이 구원의 행궁에서 사망했다는 것은 그 죽음이 비정상적이었다는 것을 보여주는 것으로 『일본서기』 오우진 3년조에 보이는 '백제국에서 진사왕을 죽였다.'라는 기록은 사실로 볼 수 있는 여지가 있다. 그러나 귀국이라는 기록이나 천황에게 실례를 했다는 기록 등은 후대 『일본서기』 찬자에 의한 번국사관에 의해 윤색되었기 때문에 사실로 보기 어렵다.

더욱이 광개토왕비문에 나오는 소위 신묘년조 '백잔신라(百殘新羅) 구시속민(舊是屬民) 유래조공(由來朝貢) 왜이신묘년래(倭以辛卯年來) 도해파백잔(渡海破百殘) ……□□□라(羅) 이위신민(以爲臣民)'과 연결시키는 것도 타당하지 않다. 신묘년조는 백제를 공격하기 위한 정당성과 명분에 해당하는 영락 6년, 8년, 9년, 10년, 14년, 17년과 관련된 대전치문으로서 이는 비문(碑文)의 필법상 역사적 사실 여부와는 전혀 관계가 없는 허구의 구절이다. 비문의 경우 광개토왕의 훈적과 고구려가 공격해야 하는 명분을 중심으로 기술하고 있는 필법으로 보아 과거 백제에 당했던 굴욕적인 모습을 기술하기 어려웠을 것이다. 따라서 비문의 찬자(撰者)는 고구려의 입장에서 백제와 화통한 왜를 외부에서 개입하여 고구려의 천하를 어지럽히는 존재로 설정함으로써 고구려가 백제를 공격해야 하는 명분으로 삼았을 것으로 보인다. 백제는 속민으로 조공의 대상이었지만, 외부의 세력인 왜의 경우 강적일수록 광개토왕의 위대함이 커질 수 있기 때문이다.

더욱이 칠지도(七支刀)에 새겨진 글자를 재해석한 결과 칠지도는 369년이 아니라 408년 백제의 전지왕 4년 11월 16일에 만들어진 것을 알 수 있다. 이는 광개토왕이 재위 시에 있었던 사건으로 광개토왕비문에 나타나는 시기에 있어서 고구려에 대항하는 백제와 왜의 국제관계 위상을 확실히 알려주는 것이다. 즉, 상위자였던 백제가 하위자였던 왜에게 자체 연호를 써서 하행문서의 형식으로 칠지도를 만들어 주었던 것을 통해 신묘년조의 전치문은 역사적 사실 여부와 관련 없이 고구려가 침략의 정당성을 확보하기 위해 설정한 허구의 구절이라는 것이 더욱 명확해진다.

다만, 『일본서기』 오우진 3년조에 나오는 기노쓰노노스쿠네, 하타노야시로노스쿠네, 이시카와노스쿠네, 쓰쿠노스쿠네는 모두 『고사기(古事記)』 고겐단(孝元段) 다케우치노스쿠네(建內宿禰)의 아들로 나오는 것이 주목된다. 다케우치노스쿠네는 전승상의 인물로서 그들의 후예 또한 전승 상의 인물로 치부되고 있다.

그런데 기노쓰노노스쿠네는 『고사기』 고겐단에서 다케우치노스쿠네의 후예 씨족으로 기노오미(木臣)의 선조인 기노쓰노노스쿠네(木角宿禰)로 등장하고 있어 기씨(紀氏)는 목씨(木氏)인 것으로 추정된다. 목씨는 대성팔족(大姓八族) 중 하나인 백제계로서 기씨가 남긴 고분군의 성격 및 기씨의 씨신(氏神) 명칭을 통해서도 기씨가 한반도에서 건너간 씨족임을 알 수 있다. 특히 기노아소미키요히토(紀朝臣淸人)가 국사(國史)를 편찬하기 시작했다는 『속일본기(續日本紀)』의 기사는 『일본서기』에 보이는 기씨 관계 기사를 어떻게 보아야 하는지에 대해 시사하는 바가 크다.

하타노야시로노스쿠네의 경우 『고사기』에서는 하타노야시로노스쿠네(波多八代宿禰)로 등장하고 있기 때문에 하타(波多)로 표기되어 있는 씨족에 대해 주목할 필요가 있다. 즉, 『신찬성씨록(新撰姓氏錄)』의 야마토국(大和國) 제번(諸蕃)에는 하타노미야쓰코(波多造)가 백제국 좌포리지사주(佐布利智使主)로부터 나왔다고 씌어 있어 하타씨(波多氏)의 조상이 백제인으로 되어 있다. 『신찬성씨록』 일문(逸文) 『사카노우에계도(坂上系圖)』에는 야마토노아야노아타이(倭漢直)의 조상인 아지사주(阿智使主)의 증손(曾孫)으로 지노직(志努直)을 선조로 하는 하타노이미키(波多忌寸)가 기재되어 있는데, 아지사주 또한 백제계통으로 추정되기 때문에 이 또한 백제계 도왜인(渡倭人)으로 볼 수 있다.

이시카와노쓰쿠네의 경우는 『고사기』에서 소가노이시카와노스쿠네(蘇賀石河宿禰)로 나오며 소가노마치(蘇我満智)의 아버지에 해당한다. 소가씨(蘇我氏)와 관련해서는 백제계라는 견해가 있는 만큼 이시카와노쓰쿠네도 백제계 도왜인일 가능성이 있다.

쓰쿠노스쿠네는 『고사기』에서 헤구리노쓰쿠노스쿠네(平群都久宿禰)로 나오는 헤구리노쓰쿠노스쿠네(平群木菟宿禰)를 말하는 것으로서 『신찬성씨록』의 미정잡성(未定雜姓) 셋쓰국(攝津國)에는 헤구리노쓰쿠노스쿠네의 후예 씨족으로 한해부수(韓海部首)가 등장하고 있는 것이 주목된다. 가라노아마베(韓海部)의 씨명(氏名)과 관련해서는 한반도계의 한해(韓海) 씨족에서 기인했던 것으로 보는 견해가 있는 등 헤구리노쓰쿠노스쿠네 또한 한반도계일 가능성을 보이고 있다.

이와 같은 분석을 통해 보면 『고사기』 고겐단에 다케우치노스쿠네의 후예로 등장하는 씨족들이 전승상의 인물인 다케우치노스쿠네를 조상으로 하고 있으며, 원래는 백제로부터 건너온 씨족으로서 조상이 백제인이었기에 후대 이를 일본인으로 윤색했을 가능성이 엿보인다.

그렇다고 한다면 진사왕의 사망과 아신왕의 즉위에 왜국이 개입한 것처럼 씌어 있는『일본서기』의 기록은 후대 찬자에 의한 번국사관에 의해 윤색되었던 것으로 사실이라고는 보기 어려우며 오히려 목씨를 비롯한 백제인들의 관여에 의한 정변일 가능성이 있다.

III. 구이신왕, 비유왕 대의 정변

『일본서기』를 통해 5세기 백제 정변의 상황을 살펴볼 수 있는 것으로는 구이신왕 관련 기록이 있다.『일본서기』오우진 25년조의 기사에서는 직지왕(直支王, 전지왕(腆支王))이 서거하자 구이신왕(久爾辛王)이 즉위했고, 이때 왕이 어려서 임나(任那)를 전담했던 목만치(木滿致)가 백제의 왕모(王母)와 간음하는 등 무례하였기 때문에 천황이 그를 왜국으로 부른 것으로 되어 있다.

우선 이 기사는 왜국이 백제를 복속하고 있다는 전제하에 윤색되어 있지만, 실제 목만치는 백제 대성팔족 중에 하나인 목씨의 인물로서 실제 구이신왕의 왕모인 팔수부인(八須夫人)과의 친분으로 인해 백제왕권의 정책 결정을 주도하였던 것을 알 수 있다.

그런데, 구이신왕과 관련한『삼국사기』의 기록은 "구이신왕 원년 3월, 구이신왕(久尒辛王)이 전지왕의 장자(長子)로 전지왕이 서거하자 즉위(即位)했다". "구이신왕 8년 12월, 왕이 서거했다."라는 짧막한 기사밖에 보이지 않는다.

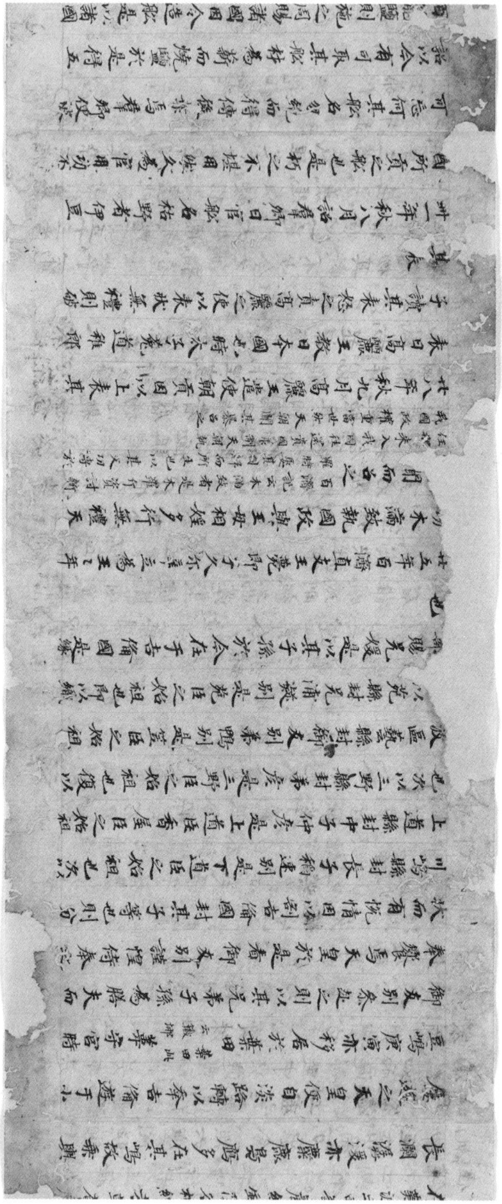

『일본서기』 권10 응신 25년

따라서 구이신왕 대에 있었던 『일본서기』 오우진 25년조의 기록은 당시 백제의 상황을 알려주는 주요한 기사로 판단된다. 더욱이 칠지도 명문의 분석 결과에 따르면 칠지도는 전지왕 4년 (408년) 백제 왕세자인 구이신이 태어난 것을 왜국에 알리기 위해 만들어졌던 것이기에 이를 통해 전지왕이 왜왕의 혈족인 팔수부인과 혼인 관계에 있었다는 사실을 확인할 수 있다.

전지왕이 태자 시기에 왜에 체류했던 정황으로 보아 전지왕의 부인이며 구이신왕의 모친인 팔수부인이 왜 왕실의 왕족일 가능성은 매우 크다. 특히 당시 고구려에 대항하는 상황에서 전지가 왜국으로 건너갔으며 왜로부터 백제에 지원군이 왔기 때문에 백제와 왜는 통상 혼인을 매개로 한 화친이 있었던 것으로 추정된다.

일단 칠지도에 의거하여 408년에 태어났던 것으로 추정되는 구이신왕이 『삼국사기』의 기록과 같이 420년에 즉위했다고 하면 대략 12살이 되어 즉위 시에 왕이 어렸다고 한 『일본서기』 오우진 25년조의 기록과 일치한다. 그런데 구이신왕 다음에 즉위한 비유왕(毗有王)에 대해 『삼국사기』에는 구이신왕의 장자라는 기록이 있지만, 분주(分註)에는 전지왕의 서자(庶子)라고 기록되어 있다.

구이신왕은 재위기간이 8년밖에 되지 않았으며 즉위할 당시 유년(幼年)이었다는 기록으로 볼 때 비유왕을 구이신왕의 아들이라기보다는 전지왕의 서자로 보는 것이 타당하다. 이는 칠지도의 명문에 의거하여 보더라도 구이신이 즉위 시기의 나이는 12세, 사망 시의 나이는 20세 정도로서 만약 구이신왕의 장자였다면 많아야 5세 전후의 어린아이였을 것이다. 그런데 『삼국사기』에는 비유왕과 관련하여 즉위조에는 '외모(外貌)가 아름답고 구변(口辯)이 있어서 사람들에게 추중(推重)을 받았다.'고 되어 있어서 이러한 기록과는 상충된다. 따라서 비유왕은 전지왕의 서자일 가능성이 크다.

이처럼 비유왕이 전지왕의 서자라고 한다면 비유왕의 모계는 왜계가 아닌 백제계인 것으로 보인다. 그렇다면 유년에 즉위한 구이신왕이 재위 8년 만인 427년 12월에 갑자기 서거한 것은 비유왕에 의한 정변 때문인 것으로 추정할 수 있다. 이후 비유왕의 등극 과정에 있었던 사건을 계기로 하여 백제는 구이신왕과 연결되어 있었던 왜와는 소원한 관계로 돌아서게 되었을 것이다.

『삼국사기』에는 비유왕 2년(428년) 2월에 왜의 사신과 종자(從者) 50명이 왔다는 방문 기록이 있다. 하지만, 이 시점은 왜왕과 인척 관계에 있던 구이신왕을 시해한 비유왕이 등극한 지 불과 2개월이 되는 때로서 이 시기에 백제와 왜가 통교했다고 보기 어렵다. 또한 이후 『삼국사기』와 『일본서기』에는 비유왕 대에 백제와 왜의 통교기사가 등장하지 않는다. 따라서 이때의 사신은 2개월 전 갑자기 서거한 구이신왕의 조문 사절일 가능성이 농후하다.

이때 팔수부인의 권세를 통해 국정을 잡았던 목만치(木滿致)의 상황이 위태해졌을 것으로 추측된다. 구이신왕이 정변으로 사망할 때 팔수부인도 함께 사망했을 것으로 추정되는데 그렇다고 한다면 목만치는 위태한 국면을 타개하기 위해 피신의 대상으로 왜국을 택했을 가능성이 있다. 이처럼 목만치가 왜국에 갔던 정황이 『일본서기』에서는 천황이 불러서 갔던 것으로 왜곡되어 나타났을 것이다.

『일본서기』에서는 구이신왕과 개로왕 치세의 중간에 해당하는 닌토쿠(仁德) 41년 3월조에 주군(酒君)이 무례하여 왜왕이 소환했다는 기사가 등장한다. 이 기록에서 백제 왕족인 주군은 무례하였기 때문에 왜국에 보내졌던 인물로 기록되어 있지만, 이후『일본서기』닌토쿠 43년 9월조에는 왜왕과 함께하면서 그동안 왜국에서 보지 못하였던 매를 길들였던 인물로 등장하고 있다.

주군에 대해서는『신찬성씨록』에 나오는 백제국 주왕(酒王)과 동일 인물로 추정되며 우경제번(右京諸蕃) 오사카베(刑部), 이즈미국제번(和泉國諸蕃) 백제공(百濟公), 무토베노무라지(六人部連) 등의 성씨가 주왕을 출자(出自)로 하고 있다는 것을 알 수 있을 뿐, 자세한 세계(世系)에 대해 알려진 기록은 없다.

닌토쿠는 이름 그대로 '어질고 덕이 있는 천황'으로 전승되고 있으며 앞서 2주갑 차이가 났던『일본서기』기년의 차이를 메우기 위해 닌토쿠라는 가공의 인물을 중간에 삽입했던 정황이 있다. 따라서 닌토쿠기(仁德紀)의 전승 기록을 그대로 신뢰한다든지 이들 기록을 2주갑 수정해서 파악하는 해석은 타당하지 않다.

다만 한반도 관계 기사의 경우는 일본에 의한 번국사관으로 윤색되어 있는 상황에서『일본서기』의 찬자가 백제계 사료를 인용하여 시기순에 따라 별도로 삽입했을 가능성이 있다. 때문에 주군의 기록은 오우진기(應神紀)와 이어지는 백제 관련 사료의 흐름 속에서 살펴볼 여지가 있다.

따라서 닌토쿠 41년 3월조에 보이는 바와 같이 왜국으로 건너와서는 주군이 백제계통인 이시카와(石川)의 니시고리노오비노코로시(錦織首許呂斯)의 집에 숨었다가 '그대에게 의지하여 살고 싶다.'라고 했던 기록이라든지, 이후『일본서기』닌토쿠 43년 9월 조에서 매사냥과 관련하여 왜왕과 함께하는 기사 등을 통해 보면 일단 주군이 왜국으로 망명했거나 쫓겨 왔던 정황이 있었던 것으로 판단된다. 만약 당시 구이신왕과 같은 정치적 입장을 갖고 있다가 비유왕의 정변으로 인해 왜국으로 건너왔다고 한다면 구이신왕의 모(母)인 팔수부인의 또 다른 아들로서 비유왕의 정변 이후에 왜국으로 도피했던 인물로 추정할 수 있을 것이다.

Ⅳ. 동성왕, 무령왕 대의 정변

『일본서기』를 통해 6세기 백제 정변의 상황을 살펴볼 수 있는 것으로는 부레쓰(武烈) 4년조 동성왕 관련 기록이 있다.

『일본서기』부레쓰 4년조는『일본서기』의 기년에 의하면 502년의 기록으로 동성왕이 무도하고 백성에게 포악하여 정변에 의해 죽었다는 것을 알려주고 있으며, 이후 무령왕이 즉위한 것으로 되어 있다. 동성왕이 국인(國人)에 의해 제거되었다는 내용은 「백제신찬(百濟新撰)」에도 동일하게 기록되어 있다.

이와 관련된 내용이『삼국사기』동성왕(東城王) 23년(501년)에 보인다.『일본서기』는 대체적으로 유년칭원법(踰年稱元法)으로 기재되어 있는데 반해『삼국사기』는 편찬단계에 있어서 즉위년칭원법으로 일괄 적용하여 씌었던 것으로 판단할 수 있기 때문에 동성왕의 사망은『삼국사기』동성왕 23년조와 같이 501년 12월에 있었던 사실로 판단된다.『삼국사기』에서는 백가(苩加)가 가림성(加林城)에 가지 않으려고 했으나 왕이 허락하지 않자 앙심을 품고 사람을 시켜 동성왕을 시해했다고 기록하고 있다.

일단 『삼국사기』에는 동성왕 21년 크게 가물어 신하들이 백성에게 베풀어 주기를 청했으나 거절하였다든지, 22년 봄 임류각(臨流閣)을 세워 신하들이 반대하여 상소를 하였는데 간언하는 자가 있을까 하여 궁궐 문을 닫아버리고 흥청망청했다는 기사가 보인다.

또한 전염병이 크게 돌았으며 노파가 여우가 되어 사라졌고 범 두 마리가 남산에서 싸웠는데 잡으려 했으나 잡지 못했다는 기사와 서리가 내려서 보리를 해쳤고 비가 오지 않더니 가을까지 이어졌다는 기사가 보여 동성왕 말년 신하들과의 갈등 및 민심 이반의 현상이 있었음을 알 수 있다.

그런데, 동성왕 사후에 백가의 반란을 토벌하고 왕으로 즉위한 인물은 동성왕의 아들이 아닌 동성왕의 배다른 형인 무령이라는 점이 주목된다.

『삼국사기』와 『삼국유사』는 무령왕을 동성왕의 둘째 아들로 위치시키고 있지만, 1971년 무령왕릉의 지석이 발견되면서 무령왕은 523년 5월 7일 62세에 사망한 것을 알 수 있게 되었다. 이는 『일본서기』내 「백제신찬」의 기록에도 무령왕이 태어난 해를 461년(辛丑年)이라고 적고 있어 무령왕릉 지석과 동일한 연도가 도출되고 있다.

『일본서기』유랴쿠(雄略) 5년조의 기사는 개로왕이 아우 곤지를 왜국에 보내는 내용으로 되어 있다. 일단 기록 내에서 천황을 섬긴다든지, 모신다든지 하는 윤색이 가해지고 있는데, 이는 『일본서기』찬자의 후대사관에 의한 것이다. 실제는 「백제신찬」에 나타나고 있는 바와 같이 형왕(兄王)의 우호를 닦기 위한 목적, 즉 비유왕 때에 단절되었던 백제와 왜 왕실의 관계가 개로왕 대에 다시 회복되면서 개로왕의 동생인 곤지(昆支)가 왜국에 파견되는 기록으로 보아야 할 것이다. 이때 일본으로 가는 도중 가카라시마(各羅嶋)에서 무령이 태어나 다시 백제로 돌아가게 된다.

『일본서기』 부레쓰 4년조에 나오는 「백제신찬」에는 무령왕이 곤지의 아들로 씌어 있지만 웅략 5년조의 기록에서는 무령왕이 개로왕의 아들인 것처럼 기술되어 있는 것이 눈에 띈다. 일단 『일본서기』 유랴쿠 5년 7월조에서 곤지가 왜국에 파견된 이후에 '이윽고 5인의 자식이 있었다(既而有五子).'는 기록을 참고하면 곤지가 왜국에 가서 혼인했던 상황을 상정할 수 있다. 더욱이 『신찬성씨록』에는 곤지의 후손이 일본에 남아있던 것으로 기록되어 있으므로 곤지가 왜 왕실과 혼인했을 가능성은 매우 높다고 봐야 한다.

『일본서기』 유랴쿠 23년조에는 동성왕이 곤지의 5자(子) 중에 2자로서 유년(幼年)에 총명하여 즉위하였다는 기록이 있다. 이를 근거로 할 경우 곤지가 도왜(渡倭)하면서 태어난 무령이 첫째 아들이었고 왜국에 도착해서 둘째 아들인 동성을 낳았던 것으로 보는 것이 합리적인 추론일 것이다.

곤지가 가카라시마에서 낳은 첫 번째 자식인 무령을 다시 백제로 돌려보냈어야만 했던 이유와 관련해서는 이미 무령의 모친(母親)에게 신분적인 취약점이 있었을 가능성이 제기된 바 있다. 이에 곤지가 왜국과의 혼인을 위하여 도왜한 경우 혼외의 자 문제가 대두될 수 있기에 돌려보내졌을 것이라는 추론이 가능하다.

곤지는 개로왕의 동생으로 유력한 왕위계승권자였지만,『삼국사기』에 의하면 477년에 사망하였고 그의 적자(嫡子)는 일본에 체류하고 있었던 동성이었기 때문에, 삼근왕(三斤王)의 사망 후 첫 번째 왕위계승권자였던 동성이 즉위하게 된 것이다.

그런데『일본서기』유랴쿠 23년조(479년)에서는 무령왕보다 앞서 즉위한 동성왕에 대해 곤지의 둘째 아들로 479년 왜국에서 귀국하여 즉위할 때의 연령을 유년이라 적고 있다. 어디까지를 유년으로 보아야 할지에 대해서는 여러 견해가 있을 수 있지만 대개 13~15세를 기준으로 하게 되면 동성왕은 464년 이후에나 출생했던 것으로 볼 수 있다. 동성왕이 461년에 출생한 무령왕보다 나이가 어렸다는 것이다.

이러한 분석을 통해 보면『삼국사기』에서 무령왕이 동성왕의 둘째 아들이라는 기록은 타당성이 없고 오히려『일본서기』내「백제신찬」의 계보가 더 정확하다는 것을 알 수 있다. 그런데, 태어나자마자 백제로 돌려보내진 무령은 이후 백제왕실 내에서 활동했던 것으로 보인다. 최근 스다하치만신사(隅田八幡神社)의 인물화상경(人物畵像鏡)에 새겨진 명문(銘文)에 대한 새로운 분석을 통해 인물화상경)이 삼근왕 사망 이후인 479년 8월 10일에 무령이 동성의 왕위계승을 인정하고 남동생왕(남제왕(男弟王))인 동성을 오래도록 섬길 것(장봉(長奉))을 서약하면서 제작되었다는 것을 확인할 수 있게 되었다. 비록 사마(斯麻)가 형이었지만, 서자인 관계로 즉위할 수 없었고 인물화상경을 제작하여 일본의 오시사카궁(意柴沙加宮)에 체류하고 있던 동성에게 보냄으로써 남동생왕인 동성의 왕위계승을 서약했던 것이다.

이처럼 무령의 경우 서자이긴 하였지만, 곤지의 아들로서 백제왕실에 있어 일정 부분 영향력을 행사하고 있었던 것으로 판단된다. 그런 의미에서 백가에 의해 동성왕이 시해된 후 무령왕이 곧바로 즉위하게 된 정황은 더욱 백가에 의한 단독범행이라고 보기 힘들게 한다.

동성왕의 경우 13~15세의 나이에 즉위했다고 하더라도 시해당했을 때의 나이는 35~37세 정도로 추정된다. 연령으로 보아 왕위를 이을 만한 후계자가 없진 않았을 것으로 보인다. 또한 왕위계승의 위치에 있지 못했던 무령이 동성왕보다 먼저 태어난 형으로서 40세의 늦은 나이에 동성왕이 시해된 이후 바로 즉위하게 된 정황은 무령왕의 개입 가능성을 높이고 있다.

더욱이 『일본서기』 유랴쿠 5년조의 기사에서 무령왕을 개로왕의 아들로 계보를 연결시켰던 것은 후대 무령왕의 신분적 취약성을 보완하고 정통성을 강조하기 위해 개로왕의 혈통을 잇는 인물로 합리화가 필요했을 것으로 보인다. 따라서 무령왕이 등극하는 과정에 일어난 동성왕의 시해 사건의 배후에는 무령왕이 있었을 것으로 추측된다.

V. 의자왕 대의 정변

『일본서기』를 통해 7세기에 들어와 백제 정변의 상황을 살펴볼 수 있는 것으로는 『일본서기』 고교쿠(皇極) 원년(元年) 봄 정월조(正月條)의 기록이 있다.

이 기사는 『일본서기』의 기년으로는 642년의 기록으로써 백제의 사신으로 갔던 아즈미노무라지노히라후(阿曇連比羅夫)가 조메이(舒明)의 장례에 참석하여 백제에 정변이 있었음을 알리는 내용으로 되어 있다. 이후 백제의 조사(弔使)로부터 백제국주(百濟國主)의 어머니가 죽고 제왕자(弟王子)인 교기(翹岐)와 모매(母妹)의 딸 4인 및 고위급 인사들이 섬으로 추방되었다는 내용을 전해 듣게 된다.

그런데 교기와 관련해서는 이어지는 고교쿠 원년 2월조에 교기를 아즈미노야마시로노무라지(阿曇山背連)의 집에 안치하였다는 기록이 있고, 4월에 대사(大使) 교기가 그의 종자를 데리고 조정에 배알하여 소가대신(蘇我大臣)이 교기와 대담하는 내용이 보인다. 또한 5월에는 가와치국(河內國) 요사미 미야케(依網屯倉) 앞에서 교기 등이 활로 사냥하는 것을 관람하고 교기의 종자와 아들이 죽었다는 기록, 그리고 7월에는 교기 앞에서 씨름하고 교기의 문전에 절하였다는 기록이 보인다.

일단 교기가 왜국으로 왔던 기록은 『일본서기』 고교쿠 2년 4월조에 나오고 있다. 따라서 고교쿠 원년의 2월, 4월, 5월 및 7월의 교기와 관련된 일련의 행적은 고교쿠 2년 4월조 이후에 나와야 하는 기록이 오류로 인해 착종되었던 것으로 볼 수 있을 것이다. 그럼에도 교기와 관련해서는 그가 왜국에서 보인 일련의 행적을 통해 교기가 풍장(豊璋)과 동일 인물이라는 설이 제기되기도 했다.

풍장과 관련해서는 『일본서기』 조메이 3년조(631년)에 백제왕 의자가 왕자 풍장을 보내 질(質)로 삼았다는 기록이 보인다. 하지만 이때 질이라는 표현은 『일본서기』 찬자의 번국사관에 의해 윤색된 표현으로 풍장이 외교 관계를 목적으로 왜국에 갔던 것을

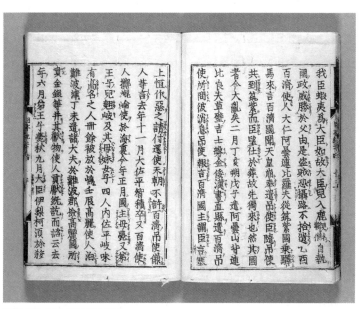

『일본서기』 권24 황극 원년 2월

의미한다.

다만 의자왕의 즉위는 641년이기 때문에 조메이 3년조의 풍장 관련 기록에 대해 풍장을 무왕의 아들로 보는 백제왕 의자 오기설(百濟王義慈誤記說), 백제왕을 『일본서기』 편자의 추기(追記)로 보는 백제왕 추기설(百濟王追記說), 기년의 오류설, 풍장과 교기의 동일 인물설 등이 있다.

대체적으로 『일본서기』의 서술을 고찰하면 왕명(王名)을 오기(誤記)했다기보다는 편찬 시 남겨진 기록에 의거하여 서술하면서 기년이 오류가 된 경우가 많은 것을 알 수 있다. 때문에 조메이 3년조에 보이는 풍장의 기사는 의자왕 때에 있었던 풍장의 왜국 파견이 조메이 3년으로 그 시기가 잘못 기록되었을 가능성이 크다. 즉, 의자왕이 대신라 공격을 앞두고 배후에 있는 왜 왕권과 외교를 강화하기 위해 풍장을 파견하였을 것으로 보인다. 풍장에 관한 기록은 643년에 다시 나타나기 때문에 의자왕이 641년 즉위 후 643년 사이에 파견되었던 것으로 추정된다.

이처럼 풍장과 교기가 비슷한 시기 왜국으로 건너오기는 했지만, 『일본서기』 고교쿠 원년 정월조에 백제의 정변으로 도왜했던 교기를 풍장과 같은 인물로 보기는 어렵다. 더욱이 『일본서기』 덴지(天智) 즉위조에는 일본에 체제하고 있던 풍장이 오노오미노코모시키(多臣蔣敷)의 누이(妹)를 처로 삼고 귀국하는 정황이 보이고, 사이메이(齊明) 6년 11월 분주에서는 풍장이 처자와 같이 백제로 귀국하고 있는 기록이 있다. 때문에 백제로 귀국하기 이전에 혼인하여 자식까지 출산하였음을 알 수 있다. 오노오미노코모시키에 대해서는 남아 있는 기록이 없어 자세하게 확인할 수는 없지만, 오씨(多氏)의 경우는 『신찬성씨록』에 의하면 진무(神武)의 자손으로 나오고 있어 풍장을 통해서는 백제와 왜 왕실의 화친 정황을 확인할 수 있다.

하지만, 교기의 경우는 『일본서기』 고교쿠 원년 백제로부터 처자가 함께 도왜하고 있는 기록이 보이며 특히 교기 자식의 죽음과 관련된 기사가 나오는 것으로 보아 화친의 목적으로 도왜한 것으로 보이지는 않는다. 결국 교기는 『일본서기』 고교쿠 원년 정월조의 기사에서 볼 수 있듯이 의자왕에 의한 정변으로 섬으로 추방되었다가 왜국으로 피신하였던 인물로 보는 것이 타당할 것이다.

『삼국사기』를 통해 보면 의자왕은 즉위 초기인 642년 7월 백제의 동부 지역에 해당하는 신라의 40여 성(城)을 공취하였고, 642년 8월에는 대야성를 함락하였다. 또한 643년에는 고구려와 화친을 맺고 당항성(党項城)을 탈취하려고 하는 기록 등을 보면 대신라전의 적극적인 추진으로 전제왕권을 확립해가고 있었다.

따라서 『삼국사기』에는 641년 3월에 무왕이 사망하자 태자가 왕위를 이었다는 내용 등 의자왕 시기에 정변이 있었다는 기록은 보이지 않지만, 의자왕은 즉위 초 정변을 통해 귀족 세력과 왕실 내부의 적대 세력을 제거하고 중앙집권화를 추구했을 가능성이 크다.

교기와 관련된 『일본서기』의 기록이 일부 착종을 보이고 있지만, 관련 기록을 면밀히 검토하게 되면 의자왕 즉위 직후 친위 쿠데타에 의한 정변 가능성이 있음을 확인할 수 있다.

VI. 맺는 글

지금까지 『일본서기』에 보이는 백제의 정변 관련 기록을 살펴보면서 『삼국사기』 등의 사료와 상호 비교·검토를 통해 고찰해보았다.

『일본서기』를 통해 살펴볼 수 있는 백제의 정변 현황은 4세기 말, 5세기 초, 6세기 초, 7세기 초에 국한된다.

우선 4세기 말에는 진사왕의 왕위 찬탈과 정변에 의한 죽음의 실상을 파악할 수 있었고, 5세기 초에는 비유왕에 의한 정변의 정황을 살펴볼 수 있었다. 또한 6세기 초에는 동성왕 시해 사건의 배후에 무령왕이 개입했을 가능성을 타진해 볼 수 있었으며, 7세기 초 의자왕 대에는 초기 전제왕권을 확립하기 위한 친위쿠데타 성격의 정변이 있었음을 확인할 수 있었다.

그중 진사왕에 의한 왕위 찬탈과 비유왕에 의한 정변, 의자왕의 친위쿠데타 등은 기존 『삼국사기』를 통해서는 확인하지 못했던 기록이다. 백제멸망 후 백제 유민들에 의해 전해진 백제 측의 사료를 통해 『일본서기』가 구성되었다고 추측되는 만큼 『일본서기』에 나오는 백제 관련 사료에 대한 면밀한 검토를 필요로 하고 있다.

"왕좌를 둘러싼 갈등 속에서 백제의 운명이 갈리다."

백제 초기 왕위계승과 정변

박재용

충남역사문화연구원 선임연구위원으로 재직 중이다. 저서 및 논문으로 『고대 한류 열풍의 중심시 아스카(飛鳥)』(공저, 주류성, 2021), 「백제의 對倭교섭과 航路」(『백제 학보』 19, 백제학회, 2017), 「일본 사료로 본 백제 熊津시기 왕계」(『한일관계사연 구』 61, 2018), 「백제의 史書 편찬」(『한국고대사탐구』 40, 한국고대사탐구학회, 2022), 「웅진기 백제와 왜국의 교류」(『한국고대사연구』 115, 한국고대사학회, 2024) 등이 있다.

백제 초기 왕위계승과 정변

박재용(충남역사문화연구원 선임연구위원)

I. 시작하는 글

백제 초기 왕위계승 문제는 국가의 성립 및 왕권의 성격을 이해하는 데 중요하다. 그런데 지금까지 연구에서는 『삼국사기 (三國史記)』 백제본기 초기 기록을 어떻게 이해하느냐에 따라 접근하는 시각 자체가 달랐다(흔히 『삼국사기』 초기 기록이란 백제본기의 경우, 고이왕 이전, 좀 더 확대하면 근초고왕 이전까지를 말한다). 마한에서 백제로 전환되는 과정이 『삼국지(三國志)』의 내용과 많은 차이가 나고, 여기에다 자료가 부족하여 현재까지 명확히 밝혀지지 않은 점도 많다.

이러한 백제본기 초기 기록은 일찍이 일본 연구자들의 편견에 의해 부정되었다. 이들은 『일본서기(日本書紀)』를 토대로 근초고왕 이전의 기사를 후대 역사가들에 의해 조작된 것으로 보았다. 반면 한국학계는 『삼국사기』 초기 기록에 대한 재평가를 시도했다. 이후 고고학적인 자료를 적극 활용하여 백제 건국 초기까지 『삼국사기』의 기록을 신뢰할 수 있다는 견해가 제기되기 시작했다. 이러한 연구 결과를 바탕으로 초기 백제사를 여러 각도에서 새롭게 바라보기에 이르렀다. 대표적으로 『삼국사기』 초기 기록의 기년 문제를 중심으로 논쟁이 일어나기도 했다.

이와 같이 백제본기 초기 기록에 대한 인식을 둘러싸고 다양한 입장들이 제시되고 있지만, 이와 더불어 관심을 받아온 것이 바로 왕위계승 문제이다. 백제의 건국과 성장 과정 그리고 대외 관계의 양상 등 여러 문제와 맞물려 다양하게 논의가 전개되었다.

그동안 연구에서는 초기 백제왕계를 형제상속으로 파악하는가 하면, 우태(優台)-비류계(沸流系)와 주몽(朱蒙)-온조계(溫祚系)의 경쟁 속에서 왕위계승이 이루어진 것으로 보았다. 이와는 다르게 근초고왕 계통은 온조계가 아닌 새롭게 남하한 집단 출신이라는 주장이 제기되었다. 이른바 4세기 정복왕조설의 입장에서 접근한 것이다. 한편 비류계를 해씨(解氏)로 상정하고 부여씨(扶餘氏)인 온조계 집단과 함께 연맹체를 형성한 가운데 처음에는 해씨, 초고왕 대부터는 부여씨가 주도권을 잡은 것으로 이해하기도 한다.

이렇듯 지금까지 백제 초기 왕위계승에 대한 논의는 건국 시조인 비류와 온조의 관계 설정부터 시작된다고 할 수 있다. 두 시조 전승의 성립 과정 및 연결 양상에 대한 시각차는 있지만, 이들이 당시 각기 다른 세력을 구성하고 있었다는 전제(前提)는 같다. 다시 말해 기년 또는 연대 등은 그대로 믿기 어려운 부분이 있지만, 비류계와 온조계가 시간적 선후관계를 이루고 있다는 점에 대해서는 큰 이론이 없는 듯하다.

그러나 해결해야 할 문제는 아직 남아 있다. 백제 초기 왕들의 출자(出自)와 실존 여부, 그리고 왕위계승을 둘러싸고 일어난 정변과 왕실 교체 문제 등이 그렇다. 전자는 『삼국사기』 초기 기록의 신뢰성 문제로부터 여전히 자유롭지 못하다. 초기 왕계보가 대체로 후대에 정리되었기 때문에 작성 당시의 개념이 반영되었거나, 역사서 편찬자에 의해 부분적으로 개변되었을 가능성 또한 배제할 수 없기 때문이다. 이러한 문제는 백제 초기 정변을 검토하는 작업에도 근본적인 문제로 작용하고 있다. 만약 초기 왕들 간의 관계가 부정된다면, 사실상 후자에 대한 논의는 무의미하다.

그러나 왕위계승과 관련된 전후 사건의 경우는 시조 또는 건국전승 등과 비교해서 사실성 높은 내용을 많이 담고 있어서 당시 왕위계승을 역사적으로 검토하는 데 중요한 단서를 제공하고 있다. 다만 백제본기에는 초기 왕위계승 과정에서 명확히 정변으로 해석할 수 있는 무력 충돌이나 이전의 왕을 시해한 기록이 보이지 않는다. 한편에서는 왕위계승 후보자가 갑작스럽게 죽거나 어리다는 이유로 계통이 다른 왕이 즉위하는 사례가 종종 확인된다. 따라서 기록상에는 별다른 무력 충돌을 겪지 않은 왕위계승이라고 해도 기록되지 않은 여러 집단 간의 갈등이나 알력이 있었을 것으로 충분히 예상할 수 있다.

II. 백제 초기 기록과 왕실 교체 문제

백제 초기 역사에는 유난히 쟁점이 많다. 그 일차적 요인은 결국 사료상의 문제로 귀결될 수밖에 없다. 논의의 기본이 되는 사료가 『삼국사기』 백제본기인데, 그 첫머리인 온조왕조를 보면 백제 국가의 기원과 그 형성 문제부터 『삼국지』의 내용과 크게 상충된다. 이러한 백제본기의 초기기사를 바라보는 인식은 일반적으로 긍정론, 부정론, 수정론의 입장으로 정리된다. 대체로 한국학계에서는 수정론의 입장이지만, 관심 주제를 구체적으로 풀어가는 과정에서는 연구자마다 큰 편차를 보인다.

현재 학계에서는 『삼국사기』의 찬자들이 백제의 건국시기에 맞춰 주변국을 통합하는 과정을 설정했고, 그 과정에서 온조왕조에 마한 멸망기사가 소급된 것으로 보는 시각이 지배적이다. 『삼국사기』 기록의 역사성은 인정하면서 한편으로 기년 문제에 대해서는 의문을 가지고 있음을 알 수 있다. 이러한 시각이 수정론의 다른 표현으로 주목받아 온 이른바 '분해론'적 시각이다. 이는 현 단계에서 가장 유효한 연구 방법론이기도 하지만, 후대의 사건들이 어느 시점에서 일어난 사실인가를 판별하고 확증하는 작업은 간단하지 않다. 게다가 누가, 어떤 목적을 갖고 편집했으며, 그 기준이 무엇인가 하는 점도 밝혀져야 한다.

이렇듯 백제본기 초기 기록을 인식하는 데 분명한 한계가 있다면, 다시 생각해 보아야 하는 것은 왕계(王系) 관련 자료가 아닌가 싶다. 백제 초기 건국 문제와 역대 왕들의 계보는 불가분의 관계가 있기 때문이다. 『삼국사기』를 살펴보면 삼국의 왕위계승이 형제상속과 부자상속이라는 원칙에 따라 구성되어 있다는 점이 눈에 띈다. 그런데 백제의 왕위계승은 부자상속에 초점이 맞춰져 있으며, 그것도 장자상속의 비율이 높다. 초기 백제 왕계를 제시하면 다음과 같다.

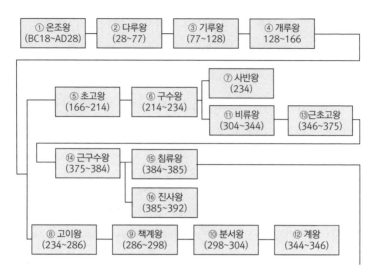

[그림-1] 백제 초기 왕실계보도(『삼국사기』 기준)

대수	왕명	재위기간	전왕과의 관계	
			『삼국사기』	『삼국유사』
1	온조왕(溫祚王)	BC18~AD28	주몽의 자(子)	동명의 삼자(三子) 혹은 이자(二子)
2	다루왕(多婁王)	28~77	온조왕의 원자(元子)	온조의 이자
3	기루왕(己婁王)	77~128	다루왕의 원자	다루의 자
4	개루왕(蓋婁王)	128~166	기루왕의 자	기루의 자
5	초고왕(肖古王)	166~214	개루왕의 자	개루의 자
6	구수왕(仇首王)	214~234	초고왕의 장자(長子)	초고의 자
7	사반왕(沙伴王)	234	구수왕의 장자	구수의 자
8	고이왕(古爾王)	234~286	개루왕의 이자(二子)	초고의 모제(母弟)
9	책계왕(責稽王)	286~298	고이왕의 자	고이의 자
10	분서왕(汾西王)	298~304	책계왕의 장자	책계의 자
11	비류왕(比流王)	304~344	구수왕의 이자	구수의 이자, 사반의 동생
12	계왕(契王)	344~346	분서왕의 장자	분서의 자
13	근초고왕(近肖古王)	346~375	비류왕의 이자	비류의 이자

[표-1] 백제 초기 왕위계승 관계표

위의 자료들을 보면 백제 최초의 왕은 온조왕이다. 그런데 『삼국사기』에는 백제의 건국과 관련하여 온조 이외에도 여러 갈래의 시조전승이 있다. 비류(沸流), 추모(鄒牟, 주몽), 우태(優台)와 구태(仇台), 동명(東明) 등 시조가 고구려나 신라에 비해 유난히 많이 등장한다. 이는 백제의 초기 왕권이 여러 차례 교체되었던 역사적 경험을 반영하는 것으로 이해되고 있다. 즉 백제 초기 왕위계승 과정에서 이른바 '왕실 교체'의 모습을 엿볼 수 있는 것이다.

여기서 왕실 교체란 연맹체 단계에서 비류-고이계와 온조-초고계가 서로 경쟁하면서 정권교대가 일어났다고 보는 것이다. 이때 먼저 주목되는 것이 시조 온조와 5대 초고왕 사이에 존재하는 2대 다루왕에서 4대 개루왕까지의 계보이다. 모두 왕명이 '루(婁)'자로 끝나고 있다. 기존 연구에서는 이들을 부여씨인 온조-초고계와 다른 우씨(優氏) 또는 해씨(解氏) 집단으로 보고 있다.

한편 백제본기에는 4대 개루왕의 자식으로 5대 초고왕과 그 '모제(母弟)'인 8대 고이왕이 나온다. 고이왕을 초고왕의 어머니 동생으로 해석해서 혈연이 다르다고 보기도 하지만, 『삼국사기』와 『삼국유사』를 보면 모제는 '동모제(同母弟)'를 뜻한다. 그렇다면 초고왕과 고이왕은 친형제이며, 두 인물은 아버지인 개루왕과 성씨가 다를 수 없다. 개루왕의 성씨가 우씨이든 해씨이든, 어느 쪽도 개루왕과 초고왕이 부자관계라는 백제본기의 내용과 부합하지 않는다. 여기서 백제 초기 왕들의 계보가 후대 수정되었을 개연성이 짙다는 의심을 받게 된다.

특히 문제가 되는 것은 이들의 왕위계승 과정에 나타난 불합리성이다. 먼저 고이왕은 초고왕의 손자인 7대 사반왕 다음에 왕위에 올랐다. 그리고 고이왕의 손자인 10대 분서왕을 이어서 다시 초고왕의 손자인 비류왕이 왕위에 오른다. 알기 쉽게 [그림-1]을 보면, 백제본기에서는 5~7대 초고계를 이어서 8~10대 고이계가 등장하고, 다시 11대 비류왕부터 초고계로 왕위가 돌아가는 것을 확인할 수 있다. 이 계보대로라면 왕위계승의 원칙이 어색해지고, 고이왕과 비류왕이 즉위할 때 나이가 문제가 되어 백제의 초기 왕계를 합리적으로 이해할 수가 없다.

그렇다면 이러한 문제들을 어떻게 받아들여야 할까? 바로 초고계와 고이계가 같은 시기에 교립 또는 양립했을 가능성을 상정해 볼 수 있다. 즉 두 왕계의 기점이라고 할 수 있는 초고왕과 고이왕이 비슷한 시기에 활동했음에도 백제본기에서는 선후관계로 나열된 것으로 보는 것이다. 이렇게 이해할 경우, 일단 초고왕과 고이왕을 모두 개루왕의 자식으로 설정한 궁금증은 풀린다. 그렇지만 백제본기 초기 왕들의 재위 시기나 각 왕대 있었던 사건들의 기년 등 해결하기 어려운 문제가 또다시 제기될 수밖에 없다. 무엇보다 백제 초기 왕위계승을 역사적으로 이해하기가 매우 어렵다.

이와 같이 현 단계에서는 백제 초기 왕실 교체가 단순히 백제본기를 정리하는 과정에서 만들어진 것인지, 아니면 기년 등의 문제는 있지만 왕실 교체를 역사적 사실로 볼 것인지에 대한 판단을 명확히 내리기 어렵다. 다만 백제본기 초기 기록들이 모두 허구가 아니며, 그 당시의 역사상을 일정하게 반영하고 있다는 현 단계의 연구성과를 적극적으로 받아들인다면, 왕실 교체 문제는 충분히 역사적으로 풀어갈 수 있을 것으로 기대된다. 이를 위해서는 초기 왕들 간의 관계뿐만 아니라 즉위 또는 재위 과정에서 두드러진 활약을 보이는 주변 집단들과 사건을 면밀하게 검토해야 할 필요성이 제기된다.

III. 초고왕(肖古王)과 부여씨(扶餘氏) 왕실의 집권

백제 5대 초고왕(재위 166~214)은 온조계의 중시조라고도 한다. 초고왕의 성은 후손인 근초고왕이 『진서(晉書)』에서 '여구(餘句)'로 표기된 것을 근거로 부여씨로 보는 것이 일반적이다. 근초고왕의 이름은 초고계를 계승한다는 의미에서 앞에 '근(近)'자를 붙인 것이다. 근초고왕의 아들인 근구수왕 또한 구수왕에 근자를 붙여 왕명으로 했다. 이렇게 친연관계가 강조된 것은 초고왕이 부여씨로서 최초로 연맹체의 리더가 된 이래, 근초고왕과 근구수왕이 부여씨의 왕위 세습을 확고히 다져놓았다는 업적 때문일 것이다.

초고왕의 즉위와 관련된 『삼국사기』 백제본기 기록은 다음과 같다.

> [사료-1] 초고왕은 개루왕(蓋婁王)의 아들이다. 개루가 재위 39년에 죽자 왕위를 이었다.

초고왕의 아버지인 4대 개루왕은 재위기간이 128~166년이지만, 이전 다루~기루왕과 마찬가지로 백제본기에는 관련 기록이 소략하다. 사료상 모두 온조의 직계 후손으로 연결되어 있

지만, 앞서 강조했듯이 온조-초고왕과 다른 계통으로 보는 견해
가 많다. 사실 양자의 계통을 달리 볼 수 있는 확실한 근거는 없
지만, 광범위한 고고자료와 한중 문헌비교를 바탕으로 추정한 것
이어서 마냥 무시할 수만은 없다. 게다가 815년 일본에서 편찬된
『신찬성씨록(新撰姓氏錄)』에는 초고왕이 속고왕(速古王)으로 나오며,
그 후손으로 춘야련(春野連)이 있었다고 한다. 따라서 『삼국사기』
백제본기에 기록된 초기 왕들이 후대 왕 이름을 바탕으로 가공한
인물이 아님이 증명되며, 다루~개루왕의 존재 및 초고왕의 즉위
까지 부정할 수도 없다.

　　이러한 선행 연구들의 문제의식 속에는 백제의 초기 왕위계
승 문제를 '중층적'으로 이해해야 한다는 의미가 담겨 있다. 우선
위 기사에서 초고가 왕위를 이을 수 있었던 것은 개루왕과 부자
관계로 설정되어 있어서 그렇게 보일 뿐이다. 그런데 개루왕과
초고왕의 성이 다르다면, 초고왕의 즉위는 자연스러운 즉위로 볼
수가 없다. 다시 말해 혈연이라는 명분이 없다면 사실상 정변을
통한 왕실 교체 이외에는 초고왕의 즉위를 설명할 수 없게 된다.
요컨대 온조계는 초고왕 대 이르러 비류계인 우씨 또는 해씨 세
력을 누르고 처음으로 연맹장의 지위를 차지했다고 판단된다.

　　초고왕의 즉위 과정 또는 배경에 대해서는 구체적으로 알 수
없다. 다만 백제본기 초기기사에는 당시 유력세력들의 동향을 이
례적으로 자세히 기록하고 있어 주목된다. 이 시기 유력세력으로
는 북부(北部)지역의 진씨(眞氏) 세력이 부각된다. 초고왕 49년에 진
과(眞果)가 부병(部兵) 1천 명을 거느리고 말갈의 침입을 물리쳤다.
초고왕은 이들과 연합하여 경기 북부지역의 진출은 물론 연맹체

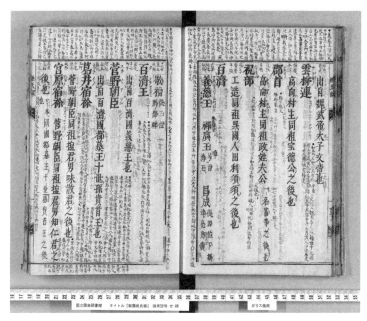

『신찬성씨록』권제24 右京諸蕃下 백제

의 주도권을 장악할 수 있었다고 생각된다.

반면, 군사적 기반을 가진 진씨 세력의 등장은 왕위를 둘러싼 후계구도에 영향력을 행사할 수 있어서 왕권을 강화하는 데 오히려 걸림돌이 될 소지가 다분했다. 이에 초고왕의 뒤를 이은 6대 구수왕(재위 214~234)은 왕권강화를 위한 일련의 조치를 취했다. 먼저 한수(漢水) 서쪽에서 대대적인 열병행사를 열었다. 열병은 부(部)의 독자적인 군사력을 왕실 휘하에 묶어두려는 과정으로 이해된다. 진씨 세력이 고이왕 대 좌장(左將)과 내두좌평(內頭佐平), 우보(右輔)로 임명되는 등 정치적 행보를 본격화하고, 근초고왕 대부터는 왕비를 배출하면서 정치적으로 더욱 성장하게 된 것은 모두 초고왕 대 정치적 지배계급으로 편입된 결과로 볼 수 있다.

IV. 고이왕(古爾王)의 정변과 비류계(沸流系)의 등장

『삼국사기』에 의하면 초기 백제의 왕위계승은 부자상속이었다. 왕위가 부자로 계승됨에 따라 전왕(前王)이나 현왕(現王)의 형제들은 점차 왕위계승에서 멀어져 방계(傍系)가 되었다. 백제본기의 계보를 그대로 따른다면 초고왕에서 아들 구수왕으로 왕위가 계승되면서 초고왕계는 직계(直系)가 되고 초고왕의 동생인 8대 고이왕(재위 234~286)은 방계가 된다. 백제사에서 방계로서 왕위를 차지한 첫 사례가 바로 고이왕이다.

고이왕의 즉위 과정에 대해서 『삼국사기』에는 다음과 같이 기록하고 있다.

〈사료-2〉 고이왕은 개루왕의 둘째 아들[二子]이다. 구수왕 재위 21년에 죽자 맏아들 사반(沙伴)이 왕위를 이었으나, 어려서 정치를 할 수가 없었으므로 초고왕의 모제(母弟) 고이가 왕위에 올랐다.

위의 기사에서 먼저 주목되는 것은 왕위계승 방식의 변화이다. 구수왕이 234년에 죽자 맏아들인 사반왕(재위 234)이 즉위했다. 하지만 아직 어려서 정치를 제대로 할 수 없다는 이유로 5대 초고왕의 친동생이자 사반왕의 작은 할아버지인 고이왕이 대신 왕위에 올랐다.

한편 『삼국사기』 연표(年表)에서는 사반왕이 왕위를 지속하지 못한 이유가 '유소견폐(幼少見廢)' 즉 폐위였음을 강조하고 있다. 『삼국유사』에서도 사반왕이 폐위된 사실을 전하고 있으며, 경초(景初) 3년(239)에 사반왕이 사망하자 고이왕이 왕위에 올랐다는 이설까지 싣고 있다. 사반왕의 재위기간은 불명확하지만, 즉위 후 얼마 지나지 않아 폐위된 것은 사실인 듯하다. 그렇다면 사반왕의 폐위는 우리나라 역사상 어린 왕이 폐위된 첫 번째 사례가 된다. 사반왕은 재위기간이 짧기는 해도 후손은 남겼는데, 일본측 자료인 『신찬성씨록』에는 반비씨(半毗氏)라는 씨족이 그 후손으로 나온다. 이러한 점을 고려할 때 고이왕은 정상적인 방법이 아닌 정변을 일으켜 왕위를 차지했을 가능성이 농후하며, 방계 왕족의 이른바 왕위 찬탈로 볼 수도 있다.

무엇보다 고이왕이 4대 개루왕-사반왕의 증조부-의 '이자(二子)'로 나오는 점은 그의 왕위 계승이 자연스럽지 못하다는 것을 강하게 시사한다. 『삼국사기』에서 전왕의 둘째 아들로 나오는 초기 백제왕을 찾아보면 8대 고이왕 이외에 11대 비류왕과 13대 근초고왕이 있다. 흥미로운 점은 고이계와 초고계의 왕실 교체 시기 왕들이 이자로 기록되었다는 점이다. 고이왕의 즉위를 계기로 고이계가 시작되었지만, 11대 비류왕 시기에는 초고계가 다시 등장한다. 이후 12대 계왕 때 잠시 고이계가 등장하고, 13대 근초고왕 때 재차 초고계가 등장한다(〈그림-1〉 참조). 이러한 상황은 초고계와 고이계의 갈등으로 인한 정변의 발생, 그 결과 왕실 교체의 반복이라는 흐름으로 이해해 볼 수 있다.

　어쨌든 사료상 고이왕의 즉위는 백제 역사상 처음으로 방계에 의한 왕위계승이다. 그러나 앞서 언급한 바와 같이 초고와 고이를 모두 개루왕의 자식으로 설정한 것, 다시 말해 양자가 '혈연'으로 묶인 것은 초기 자료의 성립과정 또는 백제본기 작성과정에서 편찬자의 의도가 짙게 깔린 느낌을 지울 수 없다. 즉 초고와 고이의 관계는 서로 다른 두 집단의 경쟁과 결합 과정을 '의제적(擬制的)' 형제관계로 설정한 것으로 이해해 볼 수는 없을까? 왜냐하면 고이왕의 즉위는 초고왕과 전혀 다른 세력에 의해 왕실 전체가 바뀌었다고 해석할 수 있는 여지가 다분하기 때문이다.

　이와 관련하여 고이왕의 성씨가 초고계와 달리 우씨(優氏)였을 것으로 추정한 견해가 주목된다. 『삼국사기』에 의하면 고이왕 27년 기사에 우수(優壽)가 왕제(王弟)로 나오며, 비류왕 18년 기사에는 우복(優福)이 왕서제(王庶弟)로 나온다. 이렇듯 고이왕이 우씨라면, 비류전승에 나오는 우태(優台)와의 관련성을 지적할 수 있다. 우태는 고구려계인 구태(仇台)와 같은 존재로 보기도 하는데, 『주서(周書)』와『북사(北史)』등에 의하면 구태는 대방(帶方)의 옛 땅에 나라를 세웠다고 한다. 중국사서에 실린 구태전승은 온조전승과는 명확히 계통이 다르다. 대방의 옛 땅은 현재 황해도 연안 일대로 추정되며, 구태(우태)-고이왕 세력과 관계된 곳임을 짐작할 수 있다. 고이왕 3년 기사에는 왕이 사냥을 한 곳이 '서해대도(西海大島)'라고 나온다. 이곳은 현재의 강화도로 비정되는데, 과거 미추홀의 비류세력과 관련 있는 곳으로 이해된다. 요컨대 구태(우태) 집단은 고구려로부터 남하하여 대방지역에 자리 잡고 있다가 미추홀 지역을 거쳐 고이왕 때 백제 왕위를 차지한 것으로 볼 수 있다.

　　여기서 만약 백제본기에서 고이왕의 아버지로 나오는 개루왕의 성씨도 우씨로 볼 수 있다면, 고이왕은 다루왕~개루왕으로 이은 비류계의 중시조라고 할 수 있다. 그렇다면 고이왕 세력은 원래 온조왕에서 초고왕~사반왕으로 이어진 초기 백제의 왕실가계와는 다른 집단이라는 것이 다시 한번 확인된다. 후대 계보 작성과정에서 초고계의 왕위 정통성을 유지하기 위해 초고왕을 개루왕의 장자로 놓자, 이로써 온조계와 비류계는 자연스럽게 묶이게 되고, 결국 고이왕이 초고왕과 형제관계가 된 계보가 만들어진 것으로 이해해 볼 수 있다. 그럼에도 숨길 수 없는 것은 고이왕이 정변을 통해 즉위했다는 사실일 것이다.

　　고이왕은 즉위 초부터 사냥과 열병행사를 자주 실시했다. 모두 왕위계승 과정의 문제점을 극복하고 국왕의 권위를 내세우기 위한 행사였다. 고이왕 대 왕실 교체와 함께 왕권을 강화할 수 있었던 배경으로는 당시 대내적으로 활약한 정치세력의 도

움을 들 수 있다. 고이왕 집권 후 두각을 나타낸 인물들 가운데
북부 출신의 진씨가 다시 주목된다. 이들은 초고왕 대 중앙정계
로 진출한 이후, 진충(眞忠)이 고이왕 7년(240)에 좌장에 임명되어
군사를 총괄했고, 14년(247)에 우보로 승진했다. 진물(眞勿)은 진충
의 뒤를 이어 좌장, 그리고 진가(眞可)는 28년에 내두좌평에 임명
되었다. 이러한 진씨 세력은 왕위계승을 둘러싸고 고이왕을 적극
지지한 공로로 고위 관직에 중용된 것 같다.

고이왕 대 좌평은 왕권과 여러 귀족 사이의 이해관계의 조절
장치로서 재지의 수장층을 중앙의 지배세력으로 편제하기 위해
설치되었다. 특히 좌장은 병마사를 관장하거나 직접 전투에 참여
했는데, 이를 근거로 좌장은 연맹왕의 군사통수권 강화와 관련된
관직으로 파악되고 있다. 곧 좌장의 설치는 국왕이 연맹체의 군
사력을 확실하게 장악하기 위한 조치였다. 고이왕이 왕실 교체를
단행하는 데 군사적 배경이 되었을 것임을 쉽게 유추해 볼 수
있다.

대외적으로는 중국 군현에 대해서 공세적 입장을 취했다. 정
변을 통해 집권한 고이왕이 적극적인 대외정책을 통해 국내의 정
치적 안정과 국제적 위상을 유지하려 했음을 알 수 있다. 그러나
고이왕의 장남인 책계왕(責稽王, 재위 286~298)이 중국 군현과 전쟁 중
에 사망했고, 뒤를 이어 즉위한 분서왕(汾西王, 재위 298~304) 또한 낙
랑의 자객에 의해 피살되면서 고이왕계가 동요하기 시작했다. 고
이왕 대 정변을 통해 초고계를 대신해서 왕권을 세습했지만, 사
실상 분서왕을 마지막으로 다시 왕계의 변화를 겪게 된다.

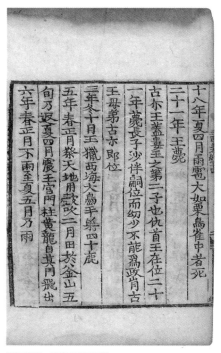

十八年夏四月雨雹大如栗鳥雀中者死

二十一年王薨

古尒王蓋婁王之第二子也仇首王在位二十
一年薨長子沙伴嗣位而幼少不能為政古
王母弟古尒卽位

三年冬十月王獵西海大島手縶四十鹿

五年春正月祭天地用鼓吹二月田於金山五
旬乃返夏四月震王宮門柱黃龍自其門飛出

六年春正月不雨至夏五月乃雨

『삼국사기』 백제본기 고이왕

V. 비류왕(比流王)의 정변과 초고왕(肖古系)의 복고

분서왕을 이어 즉위한 11대 비류왕(재위 304~344)은 고이왕이 정변을 일으켜 폐위시킨 7대 사반왕의 동생이었다. 백제본기에 기록된 비류왕의 즉위 과정을 보면 다음과 같다.

〈사료-3〉 비류왕은 구수왕의 둘째 아들[二子]이다. 성품이 너그럽고 인자하여 남을 사랑하였다. 또 힘이 세어 활을 잘 쏘았다. 오랫동안 백성들 사이에 있었지만, 명성은 널리 퍼졌다. 분서왕이 죽자 비록 아들이 있었으나 모두 어려서 왕위에 오를 수 없었다. 이로써 신민(臣民)의 추대를 받아 왕위에 올랐다.

위의 기사에서 비류는 오랫동안 민간에서 살았지만, 분서왕이 죽은 후 그 아들들이 모두 어려서 왕위를 잇지 못하자 백성들의 추대로 왕위에 올랐다고 한다. 나이가 어려 왕이 되지 못했다는 표현은 『삼국사기』에 종종 보이는데, 반대로 어린 나이에도 불구하고 왕위에 즉위한 사례가 있다. 23대 삼근왕이 13세의 나이로 왕이 된 것과 신라 24대 진흥왕이 7세의 나이로 즉위한 것이 대표적이다. 비류왕의 형인 사반왕도 어려서 즉위한 경우이지만, 곧 폐위당한 뒤 고이왕이 즉위한다. 이러한 고이왕의 즉위 과정과 비류왕의 경우는 매우 흡사하다.

이처럼 백제본기에서 고이왕과 비류왕의 즉위 상황을 비슷하게 전하는 것을 우연으로 돌리기에는 미심쩍은 점이 많다. 무엇보다 이 두 왕은 이전 왕의 장자가 아닌 친척 자격으로 왕위에 올랐다는 점에서 정변의 가능성을 배제하기 어렵다. 비류왕이 즉위한 해는 신유년(辛酉年)이었다. 참위설에서 신유년은 갑자년과 함께 혁명이 일어나는 해라고 한다. 이는 비류왕이 분서왕의 죽음을 계기로 정변을 일으켜 왕위에 오른 것을 시사한다. 즉, 비류왕은 고이계가 동요하던 틈을 타서 '신민(臣民)'이라고 표현된 지지세력들과 연합하여 왕실 교체를 단행했을 가능성이 농후하다.

그러면 비류왕을 지지했던 신민이란 어떤 세력이었을까? 먼저 비류가 오랫동안 민간에서 살았다는 사실을 주목할 필요가 있다. 비류가 왕족임에도 민간에서 보낼 수밖에 없었던 이유는 형인 사반왕이 폐위되고 왕위가 고이왕에게 넘어간 상황과 밀접히 관계가 있다고 여겨진다. 고이왕에게 초고계 왕족인 비류는 주목의 대상이자 경계해야 할 인물이었을 것이다. 그래서 비류는 목숨을 부지하기 위해 오랫동안 민간에 은신하며 살아야만 했던 것 같다.

시간이 흘러 고이왕과 책계왕이 사망하고, 분서왕이 고이계 왕위를 승계했지만, 분서왕이 중국 군현에 의해 피살되는 뜻밖의 사건이 일어났다. 예상치 못한 분서왕의 죽음과 아들들이 모두 어렸던 상황은 후계 구도에 혼란을 초래했을 것이다. 비류왕은 이 기회를 놓치지 않고 분서왕의 어린 아들들을 제치고 왕위에 올랐다고 생각된다. 이때 핵심적인 역할을 했던 세력은 부여 출신인 해씨(解氏) 세력이 아닐까 한다. 해씨 세력은 고이왕 대에는 진씨 세력에 밀려 이렇다 할 활약을 하지 못하다가, 비류왕 9년 (312)에 해구(解仇)가 병관좌평에 임명되면서 핵심 세력으로 부상했다. 비류왕이 해구를 병관좌평에 임명한 것은 부여계 세력의 통합에 힘을 기울였다는 것을 시사하며, 동시에 해씨 세력이 정변에 가담하여 비류왕을 성공적으로 즉위시킨 공에 대한 반대급부였다고 여겨진다.

『삼국사기』에 의하면 비류왕은 즉위 후 동명왕묘의 배알과 천지제사를 직접 관장했다. 비류왕의 이러한 초기 행보는 왕실 교체의 정당성을 주장하고 초고왕계의 정통성도 확고히 하고자 한 것으로 판단된다. 사냥을 많이 하고 직접 군사를 보내어 반란을 진압한 모습을 보면 당시 군사력도 강했음을 짐작할 수 있다.

그러나 비류왕은 고이왕~분서왕 3대에 걸쳐 유지되어 오던 고이계를 완전히 장악하지 못했다. 비류왕 18년(321)에 왕서제(王庶弟)인 우복(優福)을 내신좌평으로 임명하게 되는데, 이는 왕실 교체를 단행한 비류왕이라도 고이계 세력을 완전히 배제할 수 없었던 상황을 말해 준다. 한편에서는 왕권을 안정시키기 위해 고이계를 포섭하는 목적도 있었을 것이다. 그러나 이런 기대와는 반대로 우복은 비류왕 24년(327)에 반란을 일으켰다. 우복의 반란은 비류왕이 고이계 세력과의 공존에 실패했음을 단적으로 보여 준다.

결국 우복의 반란은 진압되지만, 비류왕 사후에 분서왕의 장자였던 12대 계왕(契王, 재위 344~346)이 등장한다. 당시 비류왕에게는 아들들이 있었는데 장자의 이름은 알 수 없고, 둘째 아들이 근초고왕이다. 그럼에도 고이계이자 분서왕의 아들인 계왕이 즉위한 것이다.

VI. 근초고왕(近肖古王)의 정변과 초기 왕계보 성립

1. 근초고왕의 정변

근초고왕은 계왕의 뒤를 이은 백제 13대 왕(재위 346~375)이다. 그는 4세기 대 백제 왕권의 성장으로 상징된다. 『삼국사기』 백제 본기에는 근초고왕의 즉위에 대해서 다음과 같이 기록하고 있다.

> 〈사료-4〉 근초고왕은 비류왕의 둘째 아들[二子]이다. 체격과 용모 가 기이하고 빼어났으며 원대한 식견이 있었다. 계왕(契王)이 죽자 왕위를 이었다.

위 기사를 보면 근초고왕은 비류왕의 이자 즉 둘째 아들이라고 기록하고 있을 뿐 형에 대한 언급이 없다. 여기에는 근초고왕이 비류왕의 뒤를 이어 바로 즉위한 것이 아니고, 8촌 간이나 되는 계왕의 짧은 재위(334~346) 뒤에 왕위에 올랐기에 그 특이함이 더하다.

백제 초기 왕위계승과 관련된 자료가 워낙 영성하여 모두 합리적으로 이해하는 것은 불가능에 가깝다. 그러나 한 가지 분명한 것은 백제사에서 근초고왕 대는 중요한 분기점으로 인식되고 있으며, 고이계에서 초고계로의 이행이라는 시각이 강하게 자리 잡고 있다는 것이다. 즉 근초고왕의 즉위는 고이계와 초고계의 왕위 다툼을 극복하고, 이후 초고왕 직계로 왕위계승을 고정시켰다는 점에서 의미를 가진다.

다만 비류왕-계왕-근초고왕으로 이어지는 과정에 대해서는

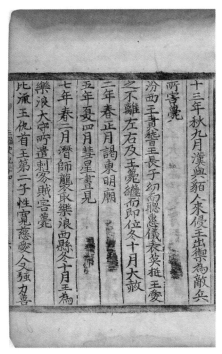

『삼국사기』백제본기 비류왕

좀 더 세밀한 접근이 필요하다. 위 기사를 보면 왕자(王者)로서 자질을 갖춘 근초고왕이 왕위를 이은 것은 문제가 없는 듯 보인다. 그러나 부왕인 비류왕 사후 바로 왕위를 잇고 있지 않다는 점이 석연치 않다. 이는 전에 고이왕이 초고계인 사반왕을 대신하여 왕위에 오른 후, 그의 자식에게 왕위를 물려 준 사실과 비교해 볼 때 더욱 납득하기 어렵다. 비류왕의 뒤를 바로 이은 계왕은 분서왕의 자식으로 원래 고이계였다(〈그림-1〉).

비류왕 말년에는 계를 포함해서 분서왕의 자식들이 장성해 있었을 것이며, 진씨 세력의 재등장으로 정치적 입지가 점차 좁아지고 있던 해씨 세력의 이반 등 초고계에게 불리한 상황이 전개되고 있었을 것이다. 이런 상황을 틈타 계왕이 즉위했지만, 얼마 지나지 않아 사망했다. 계왕은 즉위할 당시 50세를 넘었기 때문에 장성한 자식이 있었을 것이다. 그럼에도 계왕이 죽은 후 왕위는 비류왕의 둘째 아들인 근초고왕에게 넘어갔다. 계왕의 짧은 재위기간과 왕위가 초고왕계로 넘어간 것은 정변의 결과일 가능성이 크다. 계왕의 사망 이후 고이계가 완전히 백제 역사에서 사라지게 되는 점을 주목하면, 계왕뿐만 아니라 고이계 왕족들 모두 근초고왕 세력에 의해 축출당했을 가능성도 배제하기 어렵다.

이때 근초고왕의 정변에 적극적으로 참여한 세력은 진씨 세력이었을 것이다. 진씨 세력은 우복의 반란을 기점으로 비류왕 30년(333)에 진의(眞義)가 내신좌평(內臣佐平)에 임명되면서 중앙정계로 복귀하기 시작했다. 당시 왕자였던 근초고는 진씨 가문의 여자를 아내로 맞이했는데, 왕위에 오르면서 진씨 부인은 왕후가 되었다. 근초고왕 2년(347)에는 진정(眞淨)이 조정좌평(朝廷佐平)이 되는 등 고이왕 대 이후 다시 주요 관직을 차지했다. 진정은 왕후의 친척이며 성질이 사납고 어질지 못했으며 그 세력이 강했다고 한다. 그는 반대 세력들을 과감히 척결하는 과정에서 국인들의 질시를 받았다고 하듯이 근초고왕이 고이계 세력을 축출하는 데 중요한 역할을 했을 것으로 추측된다.

이후 진씨 세력은 근초고왕 이후 아신왕에 이르기까지 2~3명의 왕비를 배출하면서 그 세력을 유지해 갔다. 특히 근초고왕의 아들인 근구수왕은 장인인 진고도(眞高道)를 내신좌평(內臣佐平)에 임명하는 등 왕족 부여씨와 왕비족 진씨를 중심으로 국정을 운영했다.

2. 시조전승과 초기 왕계보 성립과정

백제의 건국 초기에는 고구려와 신라에 비해 시조가 많이 등장한다. 시조가 많다는 사실은 뒷날 사서로 정리될 때 다양한 계통의 자료가 있었음을 의미한다. 다른 의미에서 각 시조 전승은 기억해 온 집단이 달랐다는 뜻이며, 이는 곧 백제 건국에 참여한 집단이 다양했음을 시사한다. 백제가 표면상으로는 부여씨를 중심으로 통합되었지만, 실제로는 아직 완전하게 통합되지 못한 상태에서 주도권을 놓고 계속 경쟁하던 시대상황을 엿볼 수 있다. 이를테면 초고계와 고이계의 정변을 통한 왕실 교체가 대표적인 사례라고 할 수 있다.

그런데 4세기 후반인 근초고왕 대 이미 박사 고흥(高興)에 의해 『서기(書記)』가 편찬되었음에도 이렇게 다양한 전승이 얽혀 있는 점이 의아하다. 무엇보다 『서기』가 중앙집권적 통치체제가 완비되던 시기에 편찬되었다는 점을 주목하면, 『서기』의 편찬은 이전 왕실의 계보를 문자로 기록하여 왕권을 합리화하고 신성화하는 것이 주요 목적이었을 것이다. 이때 근초고왕은 박사 고흥에게 백제에 복속된 여러 집단의 전승을 초고계 왕실 중심으로 통합·정리하면서 초기 왕실계보 또한 정리하도록 했을 것이다.

일단 백제를 건국한 세력이 부여에서 남하하여 한강 유역으로 내려온 세력이라는 점은 문헌 및 고고학적 성과를 통해서 부정할 수 없을 듯하다. 개로왕이 북위에 보낸 국서에는 백제왕실의 성이 부여씨이고, 백제와 고구려가 부여에 그 기원을 두고 있다고 언급했다. 538년 백제 성왕이 사비천도와 함께 국호를 일시적으로 남부여(南扶餘)로 고쳤고, 일본으로 망명한 백제 왕족의 후예가 자신들의 조상을 도모(都牟, 동명)라고 한 것이 구체적인 근거가 된다. 특히 초고계 왕들이 즉위한 후 동명묘를 배알하는 모습은 이들의 정통성이 부여에 있다는 것을 보여 준다.

이와는 다르게 우태-비류 전승은 부여계이면서도 고구려와의 관련 속에서 복잡하게 전개된다. 이 시조전승은 우태집단이 온조집단보다 먼저 대방-미추홀 지역에 자리 잡는 과정에서 만들어졌을 것이다. 그리고 후에 내려온 온조집단에게 통합되면서 비류전승이 온조전승 속에 흡수되었다고 생각된다. 곧 근초고왕 대 『서기』 편찬 단계에서 두 계통의 시조가 의제적 형제관계가 되어 건국전승이 만들어지고, 그 후손들의 왕계보가 온조-초고계 중심으로 일원화되어 백제본기 초기 기록의 원자료가 되었던 것이다.

이렇듯 근초고왕 대 초기 왕위계승 관계를 동명-온조-초고계 중심으로 정리하다 보니 다음과 같은 특이점들이 생겼다.

먼저 시조 온조왕에서 5대 초고왕에 이르기까지의 왕계보 정리 문제이다. 연맹체 형성 이후 처음에는 비류계가 연맹체장들을 배출했다. 바로 왕명에 공통적으로 '루(婁)'자를 가진 왕들이다. 이후 초고왕이 연맹장의 지위를 차지하면서 부여씨의 백제 왕실이 비로소 성립되었다. 이러했던 사실을 근초고왕은 온조왕을 시조로 올리고, 그다음에 비류계에서 배출한 연맹장들을 연결시켰다.

원래 개루왕의 직계는 고이왕이었는데, 근초고왕 대 『서기』를 편찬하면서 개루왕의 장자로 초고왕, 이와 함께 고이왕을 형제관계로 정리했다고 생각한다. 일찍부터 혈연과 부자상속을 강조한 중국 사서의 영향을 받은 결과로 볼 수 있다. 그 결과 온조왕은 십제국(十濟國)의 시조일뿐만 아니라 여러 국을 통합한 백제국의 건국시조가 되었던 것이다.

다른 하나는 5대 초고왕에서 11대 비류왕에 이르기까지 왕계보 정리이다. 이 시기 왕위계승 모습에서 유추해 볼 수 있는 역사적 사실이란 온조-초고 집단과 비류-고이 집단 사이에서 빚어진 정변과 왕실 교체이다. 그럼에도 모두 시조 온조왕의 후손이며, 부자상속, 좀 더 넓게는 '이자(二子)'로 함축되어 표현되어 있듯이 혈연에 의해 왕위가 계승된 것처럼 왕계보를 만든 것이다. 그 내면에는 근초고왕이 온조왕 이후 왕위계승의 정통성을 확보하고, 대내외적으로 백제 왕실의 적통자임을 주장하기 위한 의도가 강하게 작용했을 것이다.

이 과정에서 전왕과 후왕과의 관계가 어색해졌을 뿐만 아니라 각 왕의 재위기간이 이례적으로 길어지게 되었다고 생각된다. 고이왕의 나이는 121, 비류왕은 110세가 넘게 되었다. 만약 백제의 왕실계보를 작성한 사람이 왕위 계승 관련 기록을 마음대로 조정할 수 있었다면, 이러한 불합리한 현상이 『삼국사기』 백제본기에 그대로 기재되기는 어려웠을 것이다. 따라서 초고왕-구수왕-사반왕-비류왕-근초고왕, 고이왕-책계왕-분서왕-계왕으로 이어지는 두 계보는 백제 당시 공인된 계보였으며, 이와 관련된 사건 또한 사실로 인정되었을 것이다.

한편 백제본기에서는 건국의 시조를 하늘과 직결시키지 않고 부여 이외에도 줄곧 적대적 관계를 이어온 고구려와 같다고 한 부분이 보인다. 이는 백제본기가 정리된 시점을 생각하는 데 좀 더 고려해 보아야 할 사항이다. 다시 말해 온조를 주몽의 아들이라거나 고구려와 관련이 있다는 내용은 신라가 통일한 뒤 삼국사를 정리할 때 의도적으로 그렇게 정리해 공론화시킨 것이 아닐까? 특히 이른바 '일통삼한(一統三韓)'을 내세우면서 『구삼국사(舊三國史)』를 편찬한 사가들에 의해 그처럼 제시되고, 이것이 김부식이 편찬한 현재의 『삼국사기』에 그대로 반영되지 않았을까 한다.

VII. 마치는 글

백제 초기 왕위계승 기사에 나타난 여러 모습을 다각적으로 검토한 결과, 백제 초기왕실은 부여씨(扶餘氏)인 온조-초고계와 우씨(優氏)인 비류-고이계의 이원적 구조였음을 알 수 있었다. 이들은 왕위계승을 둘러싸고 주변의 유력세력들과 함께 정변을 일으

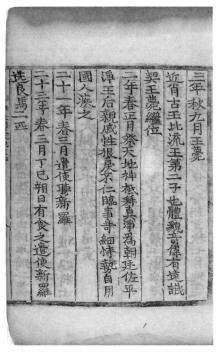

『삼국사기』 백제본기 근고초왕

三年秋九月王薨

近肖古王比流王第二子也體貌魁傑有遠識

契王薨繼位

二年春正月祭天地神祇眞淨爲朝廷佐平

淨王后親戚性悍戾宗仁臨事苛細恃勢自用

國人嫉之

二十一年春三月遣使聘新羅

二十三年春三月丁巳朔日有食之遣使新羅

洗良馬二匹

켰고, 결과적으로 왕실 교체까지 단행했다.

백제가 연맹체의 맹주국으로 대두하기 시작한 것은 초고왕 대부터라고 생각된다. 초고왕은 대방-미추홀 지역의 비류계인 우씨세력을 통합하면서 처음으로 연맹장의 지위를 차지했다. 이후 고이왕은 초고왕의 손자인 사반왕을 폐위시키고 비류계 왕계를 세웠다. 이 과정에서 고이왕은 진씨(眞氏) 세력의 군사력을 이용했으며, 왕위계승 과정의 문제점을 극복하고 왕권을 강화하기 위해 노력했다.

그러나 고이왕 이후 중국 군현과의 대외정책이 실패하면서 고이계 왕권은 동요하기 시작했다. 비류왕은 이 틈을 타서 해씨(解氏) 세력과 함께 정변을 주도하여 초고계 왕권을 회복시켰다. 하지만 고이계 세력을 완전히 장악하지 못한 결과 고이계인 계왕에게 왕위를 물려줄 수밖에 없었다. 이후 근초고왕은 정변을 통해 고이계 세력을 완전히 축출하고, 초고계 왕권을 확립하게 된다. 이렇듯 백제의 초기왕실은 여러 정변을 거치며 변화했고, 이러한 정변은 백제가 고대국가로 성장해 가는 데 큰 영향을 미쳤다.

이와 같은 일련의 역사적 사실은 근초고왕 대 『서기(書記)』의 편찬단계에서 왕위계승의 정통성을 확보하기 위해 온조-초고계 중심으로 기록되었다. 이 과정에서 비류-고이계와 혈연 특히 부자관계 속에서 왕위가 계승된 형태로 정리되었다. 결과적으로 두 계통의 시조인 온조와 비류가 의제적 형제관계가 되어 건국전승이 만들어졌고, 이것이 바로 백제본기 초기 기록의 원자료가 되었다.

"왕위 계승의 혼란이 신라의 정치 구조를 재편하다."

신라 상대(上代)의 왕위계승과 정변

김희만

서강대학교 디지털역사연구소 연구교수로 재직 중이다. 저서 및 논문으로 『신라의 왕권과 관료제』(경인문화사, 2019), 『신라사의 재구성』(경인문화사, 2019), 「한국사 디지털 자료의 활용 현황과 과제」(『한국사학사학보』 48, 2023), 「『연경재전집』의 辨·跋·筆記類를 통해 본 한국고대사의 신자료 발굴」(『국학연구』 52, 2023), 「『삼국유사』의 편목과 일연(一然)의 신라 불교 인식」(『한국사상사학』 73, 2023), 「신라의 '水旱之災'와 국가의 대응 전략」(『신라사학보』 56, 2022), 「『연경재전집』의 지리류(地理類)와 한국고대 영토 인식」(『동북아역사논총』 77, 2022) 등이 있다.

신라 상대(上代)의 왕위계승과 정변

김희만(서강대학교 디지털역사연구소 연구교수)

I. 시작하는 글

이 글은 신라 상대의 왕위계승 과정을 살펴보고, 그 계승 과정을 순조롭지 못하게 한 정변에 주목하였다. 또한 이 정변이 왕권의 확립이라는 문제와 어떻게 연관되어 있는지도 살펴보았다. 먼저, 초기 기록에 대한 문제점부터 검토하였다. 특히, 초기 신라사뿐만 아니라 왕권의 형성과정을 설명해 줄 수 있는 박·석·김이라는 3성의 실체를 검증하려고 하였다. 다음으로, 상고(上古)의 왕의 즉위 관계 기사에 주목하여 정변이라고 볼 수 있는 왕위계승 사례를 국인(國人)과 연관해서 추정해 보았다.

중고(中古)의 왕위계승과 정변 문제를 살펴보기 위해서는 공백으로 남아 있는 사료의 행간을 검토해 보아야 할 것이다. 중고의 왕위계승 과정에서는 진지왕(眞智王)의 폐위와 진평왕(眞平王)의 즉위 과정이 주목된다. 아울러 선덕왕(善德王)의 즉위 과정에서 등장하는 국인도 주목해 보았다.

진평왕의 즉위가 진지왕의 폐위로 인해 가능했다고 본다면 진평왕의 즉위는 어떤 의미를 갖는 것일까. 정변이 있었다면 정변이 필요했던 시대적 요구가 있었을 것이다. 진평왕 대의 시대적 요구는 무엇이었을까. 정변이라는 비정상적인 왕위계승 과정을 거친 후에는 정통성의 명분을 세우는 일이 필수적이다. 진평왕은 어떻게 왕권의 정통성을 확보하고자 하였을까. 그리고 그 일은 성공할 수 있었을까. 이러한 의문을 풀어 보기 위해서 이 글을 준비하였다.

II. 上古의 왕위계승과 정변

1. 박·석·김 3성의 사용과 『국사(國史)』

사료 검증은 신라 상대사를 연구하는 데 필수적이다. 특히, 『삼국사기(三國史記)』와 『삼국유사(三國遺事)』의 내용은 상호 보완적인 요소도 많지만, 한편으로는 다르게 서술된 부분도 많다. 두 사서에 보이는 내용의 차이를 상호 보완하면서 왕위계승 과정을 살펴보고자 한다.

상고의 왕위계승 관계 기사는 초기 기록에 대한 불신에서부터 그 기년에 대한 신뢰 문제 등이 제기되면서 사료를 제대로 활용하지 못하고 있다. 기존 연구에서는 신라 초기기사를 불신하여 아예 그 기사를 이용하지 않거나, 또는 수정론을 제시함으로써[1] 신라 초기사를 재구성하려는 노력이 있었다. 필자 또한 이 문제에 관하여 명확한 입장을 제시할 수는 없지만, 기왕의 사료들을 조금 다른 관점에서 검토해 본다면, 합리적인 역사상을 그려볼 수 있을 것으로 생각한다.

우선, 상고의 왕위계승과 관련하여 가장 큰 쟁점인 박·석·김 3성의 실체부터 밝혀보고자 한다. 이 문제와 연관하여 그 왕위계승에서 3성이 교체 형태로 진행되었다고 보기도 하고, 이와는 달리 박·석·김 3성이 분립 또는 병립하였다고 보기도 한다.[2] 두 견해 모두 신라 초기 기록을 불신한다는 점은 일치하기 때문에, 사실 이런 식으로 논리를 전개한다는 자체가 모순처럼 보인다. 이러한 연구 결과를 초래한 결정적 단서는 바로 박·석·김 3성의 실체를 온전히 긍정하거나, 또는 부정하는 방법론적 한계 때문이라고 할 수 있다.

사료상에 보이는 신라 상고의 특징은 3성이 교차로 등장하여 왕위를 계승하였다는 점이다. 이 기록에 관하여 몇 가지 의문이 제기되었다. 첫째, '박·석·김'이라는 성을 사용하는 왕들의 실체를 인정할 수 있는가 하는 점이다. 둘째, 실제로 '박·석·김' 3성 간의 왕위계승이 평화롭게 진행되었을까 하는 점이다.

이러한 의문에 답하기 위하여 신라 사회에서 성씨의 출현과 사용 시기를 살펴보고자 한다. 이와 관련하여 『삼국사기』 초기 기록에서 나타나는 '박·석·김' 3성의 성씨 기사부터 살펴보았다. 아래 사료는 원문을 번역하지 않는 편이 더 이해하기 좋을 것으로 판단하여 원문을 그대로 싣는다.

A-1. 辰人謂瓠爲朴, 以初大卵如瓠, 故以朴爲姓.(『삼국사기』 신라본기 1, 시조 혁거세거서간 조)

A-2. 或曰, "此兒不知姓氏, 初櫝來時, 有一鵲飛鳴而隨之, 宜省鵲字, 以昔爲氏, 又解韞櫝而出, 宜名脫解."(위의 책, 탈해이사금 원년 조)

A-3. 乃名閼智, 以其出於金櫝, 姓金氏. 改始林名雞林, 因以爲

國號.(위의 책, 탈해이사금 9년 조)

위의 A-1 기사는 "진한 사람들이 표주박[瓠]을 일컬어 '박'이라고 하였는데, 처음에 큰 알이 표주박처럼 생겼으므로, 그로 인해 '박'을 성으로 삼았다."라는 내용이다. 여기서 주목되는 부분은 '이박위성(以朴爲姓)', 곧 박(朴)을 성으로 삼았다는 표현이다. A-2의 기사는 혹자가 말하기를, "이 아이는 성씨를 알지 못하는데, 처음 궤짝이 왔을 때 까치 한 마리가 날아와 울며 따라다녔으므로, 까치 '작(鵲)'의 글자를 줄여서 '석(昔)'을 씨로 삼고, 또 궤짝을 열고 나왔으므로 이름을 탈해라고 하는 것이 마땅하다."라고 하였다."라는 내용이다. 여기서 주목되는 부분은 '이석위씨(以昔爲氏)', 곧 석(昔)을 씨로 삼았다는 표현이다.[3]

A-3의 기사는 "이에 이름을 알지라 하고, 금궤에서 나왔기에 성을 김씨라고 하였다. 그리고 시림의 이름을 계림이라고 바꾸었는데, 이로 인해 계림이 국호가 되었다."라는 내용이다. 여기서 주목되는 부분은 '성김씨(姓金氏)', 곧 '성은 김씨다.'라고 하는 표현이다.

위의 A군 사료는 박·석·김 3성의 성씨를 언급할 때마다 여러 연구에서 다루었던 내용이지만, 실상 '이박위성', '이석위씨', '성김씨'에서 박·석·김이라는 칭호에만 집중하였을 뿐, 기록의 형식에는 주목하지 않았다. 필자는 3성의 기술 형식과 표현은 각기 그 의미하는 바가 다르며, 이를 통해서 새로운 사실을 검토할 수 있다고 생각한다.

우선 '이박위성'과 '이석위씨'에서 박은 성으로, 석은 씨로 표현되어 있다는 점에 주목할 필요가 있다. 씨는 성족(姓族)이 확장됨에 따라 분족(分族)할 필요가 있었을 때, 성에서 분파되어 나왔다는 점을 고려하면, 박과 석의 상관관계는 박씨 성을 전제로 석씨 성이 출현할 수 있었다는 점을 짐작하게 한다. 즉, 박을 성으로 하는 세력과[4] 석을 씨로 하는 세력이 있었으며, 그 소속 관계가 성과 씨로써 나타나고 있다는 점이다. 석씨가 박씨의 성족에서 분파되어 나왔다는 점을 확인할 수 있다고 본다.

그런데 A-3의 기사에서 보이는 '성김씨'라는 표현을 '성은 김씨라고 하였다.'라고 한다면, 앞의 '박을 성으로 삼았다.' 또는 '석을 씨로 삼았다.'라는 표현과 대비할 때, 무언가 어색하다고 느낄 수 있다. 아마도 '성은 김씨다.'라고 하는 표현을 사용한 것은 박씨와 석씨보다 이미 김씨를 성씨로 사용하고 있었던 시대상을 그대로 반영한 것이 아닐까. 이러한 내용이 기술되었던 시기에는 이미 김을 성씨로 사용하였던 세력이 존재하였으며, 그러한 인물들에 대해서는 '성은 김씨다.'라는 서술이 가능했던 것으로 볼 수 있다.

아래의 기사는 그러한 역사적 사실을 보여 주는 사료이다. 아래 사료는 원문을 번역하지 않는 편이 더 이해하기 좋을 것으로 판단하여 원문을 그대로 싣는다.

B-1. 居柒夫 或云荒宗, 姓金氏, 奈勿王五世孫. 祖仍宿角干, 父勿力伊湌.(『삼국사기』 열전 4, 거칠부 조)

B-2. 異斯夫 或云苔宗, 姓金氏, 奈勿王四世孫.(위의 책, 이사부 조)

위의 B-1 기사는 "거칠부(居柒夫)는 성이 김씨이며, 나물왕(奈勿王)의 5세손이다. 할아버지는 잉숙 각간이고, 아버지는 물력 이찬이다."라는 내용이다. 여기서 주목되는 부분은 '성김씨', 곧 성을 김씨로 하였다는 표현이다. B-2 기사는 "이사부는 성이 김씨이고 나물왕의 4세손이다."라는 내용이다. 여기서도 주목되는 부분은 '성김씨', 곧 '성은 김씨다.'라는 표현이다. 위의 B군 사료는 거칠부와 이사부의 이름을 언급할 때 자주 사용하였으며, 특히 나물왕의 5세손 또는 나물왕의 4세손을 인용할 때 자주 보았던 기사이다. 그런데 여기서 사용하는 '성김씨'라는 표현을 보면서 위의 A-3의 기사에서 언급했던 내용과 같은 기록이 나온다는 점이다.

이러한 점을 염두에 두고서 앞의 B군 기사를 다시 소환해 보면, 거칠부와 이사부 하면 떠오르는 역사상이 있다. 그것은 바로 이들이 신라의 『국사』 편찬과 떼려야 뗄 수 없는 인물이기 때문이다.

C. 6년(545) 가을 7월에 이찬 이사부가 아뢰기를, "국사라는 것은 임금과 신하의 선악을 기록하여 잘잘못을 만대에 보이는 것입니다. [이를] 편찬하지 않으면, 후대에 무엇을 보이겠습니까?"라고 하였다. 왕이 진실로 그렇다고 여기고, 대아찬 거칠부 등에 명하여, 널리 문사를 모아 [국사를] 편찬하게 하였다.[5]

위의 C의 기사는 진흥왕(眞興王) 6년(545)에 이찬 이사부가 『국사』 편찬을 건의해서 대아찬 거칠부 등이 이를 편찬하였다는 내용이다. 여기에 보이는 이사부와 거칠부는 위의 열전에서 보이는 인물들이며, 그들을 소개하면서 '성김씨'라는 표현을 똑같이 사용하고 있다.

필자는 사료 A-3의 기사에서 '성김씨'라는 표현이 사용된 것은 우연의 일치가 아니라, 해당 시대의 역사적 사실을 드러낸 서술로 보고자 한다. 다시 말해, 『국사』 편찬과 관련된 이사부와 거칠부는 '성김씨'의 일족이었다. 당시 신라에서는 김씨가 왕위를 계승하고 있었으며, 이사부나 거칠부와 같은 김씨 세력들이 국정에 적극적으로 참여하고 있었다. 그리고 이 시기에 이르러 드디어 신라의 『국사』가 편찬되면서 김씨 왕계보다 앞에 출현하였던 인물들에 대하여 박씨 성을 부여하고, 또는 석씨 성을 부여하였을 것이다. '성은 김씨다.'[성김씨]라는 표현과 '박을 성으로 삼았다.'[이박위성] 또는 '석을 씨로 삼았다.'[이석위씨]라는 표현의 차이는 이러한 역사적 사실을 반영하고 있는 것으로 볼 수 있다. 곧, 신라의 『국사』를 편찬하던 '성김씨' 관련 편찬자들은 자신들보다 앞선 시대에 관해서 서술해야 하였을 것이며, 그때 이들에 의해서 앞선 세력들에게 박과 석이라는 성씨를 부여하였다는 셈이다.

신라는 김씨 중심의 『국사』를 편찬하면서 그 이전의 박씨와 석씨 세력을 구분할 목적으로 박을 성으로, 석을 씨로 표현하였다고 볼 수 있는 것이다. 결과적으로 김씨 세력이 『국사』를 편찬하면서 이전 세력을 박씨와 석씨로 규정하게 되었으며, 이러한 사실이 『삼국사기』에 그대로 저록된 것이다. 즉, 김씨 성을 중심으로 그 이전의 두 세력을 당시 구전(口傳)을 토대로 전승되고 있는 박[瓠]으로 상징되는 박을, 작[鵲]으로 상징되는 석을 파자(破字)로 사용하고 있음도 확인할 수 있다. 이로써 당시 신라는 이미 한자를 자유롭게 구사할 수 있었다고 보며, 『국사』가 편찬되었다는 사실만으로도 신라 사회의 한문 작문 능력이 상당히 발전하고 있었음을 증명한다고 하겠다.

따라서 『국사』 편찬자들에 의해서 부여된 박과 석이라는 성씨를 '이박위성'과 '이석위씨'라는 표현을 사용하여 이것이 그대로 『삼국사기』의 편찬으로 이어져 서술되었다고 볼 수 있다. 이러한 표현은 『삼국사기』 신라본기에서 관등과 관직을 부여할 때 사용하는 '이~위~'('배~위~')라는 내용을 통해서도 확인할 수 있기 때문이다.[6]

중국의 사서인 『북제서(北齊書)』에는 북제의 무성제가 조를 내려서 신라 국왕인 '김진흥'을 '사지절·동이교위·낙랑군공·신라왕'으로 삼았다는 기록이 있다. 이 사료는 처음으로 신라왕이 김이라는 성을 사용하고 있음을 보여 주었다는 점에서 주목받았다. 김진흥은 진흥왕을 가리키며, 기록이 전하는 바는 진흥왕 26년(565)의 일이다. 그렇다면 김이라는 성을 사용한 연원은 어디서 찾을까. 이를 구체적으로 알려 주는 자료가 없으므로, 확언할 수는 없다. 다만 앞에서 살펴본 신라의 김씨 세력들이 '성김씨'를 표방하고 있다는 점에서 이미 한자의 사용이 매우 익숙한 단계였음을 보여 주며, 이와 더불어 성씨가 사용되었다고 보는 것이 합리적이라고 생각한다.

2. 상고의 왕위계승과 정변

다음으로, 상고 시기의 왕위계승 자료에서 보이는 특징을 정변이라는 함수를 중심으로 밝혀보고자 한다. 이 시기의 사료에

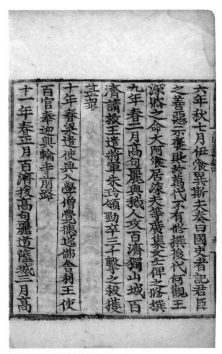

『삼국사기』 신라본기 진흥왕

대하여 시비 문제가 없지는 않지만, 앞 절에서 보았듯이, 초기기
사를 합리적으로 이해할 수도 있다고 판단되므로, 이 절에서는
해당 사료를 적극적으로 활용해서 이 시기의 왕위계승 기사와 그
사료에 관한 성격을 고찰해 보고자 한다. 이러한 작업이 전제된
다면 앞으로 상대의 왕위계승 사료를 충분히 활용할 수 있을 것
이며, 신라 사회를 구조적으로 분석해 볼 수도 있다. 물론 각 왕
의 재위 기간이나 부분적으로 신뢰할 수 없는 세부 사항까지도
모두 긍정적으로 파악할 수 있다는 뜻은 아니다. 다만 여기서는
왕위계승의 순서에 따라 해당 부분만을 서술하게 됨으로써 일정
한 한계가 있을 수 있다는 의미도 내포한다.

　먼저, 상고의 왕위계승 사료에서 찾아볼 수 있는 정변 관련
내용부터 서술하기로 한다. 지금까지 상고의 왕위계승에서 정변
을 통한 왕위계승은 언급하지 않았다. 그것은 초기 기록 자체를
불신하거나, 또는 3성씨를 병렬로 이해하였기 때문이거나, 또는
초기 기록에서 정변이라고 할 만한 뚜렷한 증거를 찾지 못했기
때문이다. 필자는 상고의 왕위계승 사료 중에서 각 왕의 즉위와
관련된 기사에 주목해 보았다. 이미 이에 관해서도 여러 연구가
진행되었지만,[7] 필자는 기존의 연구와는 조금 다른 관점에서 이
기사들을 살펴보고자 한다. 상고의 왕위계승과 정변 관련 내용에
는 국인(國人)이라는 특정 세력이 등장한다. 이를 주목해서 해당
내용을 알기 쉽게 정리해 보면 [표 1]과 같다.

[표 1] 신라 상고의 정변 관련 내용

왕대	왕명	정변 관련 내용	국인 내용
제4대	파사이사금	婆娑尼師今立. 儒理王第二子也 或云儒理第奈老之子也. 妃金氏史省夫人, 許婁葛文王之女也. 初脫解薨, 臣僚欲立儒理太子逸聖, 或謂"逸聖雖嫡嗣, 而威明不及婆娑." 遂立之. 婆娑節儉省用而愛民, 國人嘉之.	國人嘉之
제9대	벌휴이사금	伐休尼師今立. 姓昔, 脫解王子仇鄒角干之子也. 母姓金氏, 只珍内禮夫人. 阿達羅薨, 無子, 國人立之. 王占風雲, 預知水旱及年之豊儉, 又知人邪正, 人謂之聖.	國人立之
제11대	조분이사금	助賁尼師今立. 姓昔氏, 伐休尼師今之孫也. 父骨正葛文王, 母金氏玉帽夫人, 仇道葛文王之女. 妃阿爾兮夫人, 奈解王之女也. 前王將死, 遺言以壻助賁繼位. 王身長, 美儀采, 臨事明斷, 國人畏敬之.	國人畏敬之
제13대	미추이사금	味鄒尼師今立. 姓金. 母朴氏, 葛文王伊柒之女, 妃昔氏光明夫人, 助賁王之女. 其先閼智出於雞林, 脫解王得之, (中略) 仇道則味鄒之考也. 沾解無子, 國人立味鄒. 此金氏有國之始也.	國人立味鄒
제18대	실성이사금	實聖尼師今立. 閼智裔孫, 大西知伊湌之子. 母伊利夫人, 伊一作企 昔登保阿干之女. 妃味鄒王女也. 實聖身長七尺五寸, 明達有遠識. 奈勿薨, 其子幼少, 國人立實聖 繼位.	國人立實聖
제19대	눌지마립간	奈勿王三十七年, 以實聖質於高句麗, 及實聖還爲王, 怨奈勿質己於外國, 欲害其子以報怨. 遣人招在高句麗帝相知人, 因密告, (中略) 乃歸. 訥祇怨之, 反弑王自立.	反弑王自立

위의 [표 1]에서 국인이라는 존재가 등장할 때마다 왕위계승에 변이가 있음을 확인할 수 있다. 사실 지금까지 국인에 관한 연구는 국인의 존재와 용례를 중심으로 그 의미를 부여하는 데 초점을 맞추어 진행[8]되었다. 필자는 상고의 왕위계승 과정에서 등장하는 국인의 역할에 비중을 두고 살펴보았다.

다시 말해, 위에서 언급한 6개의 국인 관계 기사는 왕의 즉위와 밀접한 관계를 보여 주면서, 동시에 국인이 일정한 역할을 담당하고 있음을 보여 주고 있다. 우선 전왕이 무자(無子)여서 후계자를 남기지 못한 경우인데, 벌휴와 미추가 여기에 해당한다. 다른 경우는 왕으로서의 자질이 뛰어나거나('威明不及婆娑'), 선왕의 유언에 의해서('遺言'), 혹은 후계자가 너무 어리기 때문에('其子幼少') 적자에 의한 정통적 승계를 하지 않았다는 사실을 전하고 있다. 또 다른 하나는 '시왕자립(弑王自立)'한 경우이다. 이러한 사정이 있었을 때는 영락없이 국인이 등장하여 새 왕을 옹립하거나, 그 치세를 지지하는 모습을 보인다. 적자에 의한 정통 승계가 불가능하였고, 그래서 많은 경쟁자를 제치고 새 왕이 옹립되는 과정이 늘 순조로울 수는 없었을 것이다.

역사상 '선양(禪讓)'이라고 분식된 많은 왕위계승이 사실은 치열한 왕위 다툼의 결과였다는 점은 널리 알려진 사실이다. 위에서 예시한 왕위계승은 일군의 세력에 의해서 추진되었으며, 이러한 상황의 전개를 '정변'이라고 규정하여도 좋지 않을까 한다. 또한 앞에서 이미 지적하였듯이, 신라 상고의 왕위계승에서 정변은 국인과 무관치 않았으며, 이는 당시 신라의 왕권이 확고한 집권체제를 갖추지 못하였던 상황을 반영하고 있는 것이라 하겠다.

III. 中古의 왕위계승과 정변

1. 중고의 왕위계승과 국인(國人)

중고에 해당하는 왕은 법흥왕부터 진흥왕, 진지왕, 진평왕, 선덕왕, 진덕왕이다. 이 장에서는 중고의 왕위계승과 정변이라는

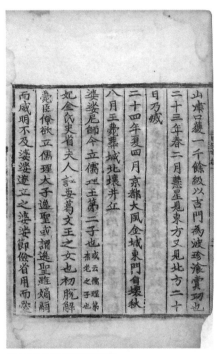

삼국사기 신라본기 파사이사금

관점에서 첫째로 진지왕의 폐위와 진평왕의 즉위 문제를, 둘째로 선덕왕의 즉위와 국인의 문제를 검토해 보고자 한다.

첫째로, 진지왕의 폐위와 진평왕의 즉위 문제를 살펴보려면 기왕의 연구 성과를 참고해야 한다. 특히 '국인폐지(國人廢之)'와 '정란황음(政亂荒淫)'이라는 표현 중에서 국인은 정변과 떼려야 뗄 수 없는 관계임을 전제로 한다. 그리고 진평왕을 묘사하면서 '품은 뜻이 깊고 굳세며 식견이 밝고 통달하였다.'라는 표현은 정변으로 즉위하게 된 진평왕이 왕으로서의 자질을 충분히 갖추고 있었음을 적시함으로써 정변의 정당성까지 표방한 것으로 볼 수 있다.

여기서는 이러한 점을 전제로 함과 동시에 또 다른 각도에서 정변의 실체에 접근하고자 한다. 하나는 『삼국사기』에서 전하는 진지왕의 사망 '일자(日字)' 기록의 사실성 여부를 고려해 보았다. 또 하나는 진평왕 대 전후 신라 왕릉의 '장지(葬地)' 관련 기사에서 새로운 사실을 확인할 수 있다는 점을 제시해 보았다.

첫 번째, 진지왕의 죽음과 관련한 『삼국사기』 기사부터 살펴보고자 한다.

D. 〔4년(579)〕 가을 7월 17일에 왕이 돌아가셨다. 시호를 진지라고 하고, 영경사(永敬寺) 북쪽에 장사지냈다.[9]

위의 D의 기사에서 주목할 것은, "가을 7월 17일에 왕이 돌아가셨다."라는 내용이다. 7월 17일이라는 분명한 날짜를 명기하고 있는 것은 특기할 만한 사건이 있었음을 방증해 주는 증거로 보인다. 이와 관련하여 『삼국사기』에서 보이는 왕의 사망 일자 기록을 전수 조사해서 그 의미와 성격을 규명해 보고자 한다. 해당 사실을 알기 쉽게 정리하면 [표 2]와 같다.

[표 2] 신라 왕의 죽음과 날짜 내용

순서	왕명	왕의 죽음과 날짜	비고
1	첨해이사금	(一十五年) 十八日, 王暴疾薨.	王暴疾
2	자비마립간	二十一年, 春二月, 夜赤光如匹練, 自地至天. 冬十月, 京都地震. 二十二年, 春二月三日, 王薨.	(自然災害)
3	진지왕	(四年) 十七日, 王薨. 諡曰眞智, 葬于永敬寺北.	(廢位)
4	선덕왕	十六年, 春正月, 毗曇·廉宗等謂, "女主不能善理." 因謀叛擧兵, 不克. 八日, 王薨. 諡曰善德, 葬于狼山.	不克
5	문무왕	秋七月一日, 王薨. 諡曰文武. 羣臣以遺言, 葬東海口大石上.	羣臣以遺言
6	선덕왕	(六年) 是月, 王寢疾彌留, 乃下詔曰, (中略) 死後依佛制燒火, 散骨東海. (中略) 至十三日薨, 諡曰宣德.	乃下詔曰
7	원성왕	冬十二月二十九日, 王薨. 諡曰元聖, 以遺命擧柩燒於奉德寺南.	以遺命
8	신무왕	(元年) 王寢疾. 夢利弘射中背, 旣寤瘡發背. 至是月二十三日, 薨. 諡曰神武, 葬于弟兄山西北.	王寢疾
9	문성왕	十九年, 秋九月, 王不豫, 降遺詔曰, (中略) 越七日王薨, 諡曰文聖, 葬于孔雀趾.	降遺詔曰
10	헌안왕	五年, 春正月, 王寢疾彌留, 謂左右曰, (中略) 是月 二十九日薨, 諡曰憲安, 葬于孔雀趾.	王寢疾
11	경문왕	(十五年) 星孛于東, 二十日乃滅. 夏五月, 龍見王宮井, 湏臾雲霧四合飛去. 秋七月八日, 王薨. 諡曰景文.	(自然災害)
12	헌강왕	(十二年) 夏六月, 王不豫, 赦國內獄囚, 又於皇龍寺設百高座講經. 秋七月五日, 薨. 諡曰憲康, 葬菩提寺東南.	王不豫
13	정강왕	(二年) 夏五月, 王疾病, 謂侍中俊興曰, (中略) 秋七月五日, 薨. 諡曰定康, 葬菩提寺東南.	王疾病

신라 상대, 곧 상고와 중고에 해당하는 사항 가운데 왕의 사망 일자를 기록한 것은, '갑자기 병이 나거나', '반란의 틈에서 왕이 죽거나' 한 것으로 기록되어 있으며, 자비왕과 진지왕은 자세한 내막을 알 수가 없다. 이러한 사실을 좀 더 확인하기 위해서 중대와 하대의 사례를 검토하였는데, '여러 신하가 유언으로' 또는 '조를 내리는' 경우 등이 있으며, 한편으로는 '병과 관련해서' 왕의 죽은 날짜를 알 수 있는 경우 등으로 구분할 수 있다. 그런 점에서 진지왕의 사망 일자 명시는 분명히 특기할 만한 사안이 있었다고 볼 수 있을 것이다.

두 번째, 진평왕 대 전후 신라 왕릉의 '장지' 관련 기사를 살펴보고자 한다. 법흥왕부터 진덕왕에 이르는 시기에는 각 왕릉의 '장지'를 상세히 언급했으므로 그 사료를 적극적으로 활용해 보고자 한다. 이는 진평왕 대를 새롭게 조명할 수 있는 주요한 사료라고 판단하기 때문이다. 해당 사실을 알기 쉽게 정리해 보면 [표 3]과 같다.

[표 3] 진평왕 대 전후 '장지' 관계 기사

왕명	관련 기사	시호 기사	장지 기사
법흥왕	27년(540) 가을 7월에 왕이 돌아가셨다.	시호를 법흥(法興)이라고 하였다.	애공사(哀公寺) 북쪽 산봉우리에 장사를 지냈다.(葬於哀公寺北峯)
진흥왕	[37년(576)] 가을 8월에 왕이 돌아가셨다.	시호를 진흥(眞興)이라 하였다.	애공사(哀公寺) 북쪽 산봉우리에 장사를 지냈다.(葬于哀公寺北峯)
진지왕	[4년(579)] 가을 7월 17일에 왕이 돌아가셨다.	시호를 진지(眞智)라고 하였다.	영경사(永敬寺) 북쪽에 장사를 지냈다.(葬于永敬寺北)
진평왕	54년(632) 봄 정월에 왕이 돌아가셨다.	시호를 진평(眞平)이라 하였다.	한지(漢只)에 장사를 지냈다. (葬于漢只)

선덕왕	[16년(647) 1월] 8일에 왕이 돌아가셨다.	시호를 선덕(善德)이라 하였다.	낭산(狼山)에 장사를 지냈다. (葬于狼山)
진덕왕	8년(654) 봄 3월에 왕이 돌아가셨다.	시호를 진덕(眞德)이라 하였다.	사량부(沙梁部)에 장사를 지냈다. (葬沙梁部)
태종무열왕	[8년(661) 6월] 왕이 돌아가셨다.	시호를 무열(武烈)이라 하였다.	영경사(永敬寺) 북쪽에 장사를 지냈다.(葬永敬寺北)
문무왕	[21년(681)] 가을 7월 1일에 왕이 돌아가셨다.	시호를 문무(文武)라고 하였다.	동해구의 큰 바위 위에서 장사를 지냈다.(葬東海口大石上)

위의 [표 3]을 통해서 몇 가지 사실을 파악할 수 있다. 첫째는
각 왕이 돌아가신 연월을 기록하였으며 또는 일까지 자세히 기재
하고 있다는 점이다. 특히, 진지왕, 선덕왕, 문무왕 등이 그에 해
당한다. 둘째는 왕명이나 시호가 같다는 점이다. 이는 중고기에
들어서면서 중국식 시호제를 적극적으로 원용한 결과라고 볼 수
있다. 셋째는 '장지' 관련 기사인데, 이 부분이 진평왕을 전후한
시기를 이해하는 데 관건이 된다고 하겠다. 그것은 진평왕, 선덕
왕, 진덕왕의 장지와 다른 왕들의 그것에 분명한 차이가 있기 때
문이다.

다시 말해, 법흥왕[장어애공사북봉(葬於哀公寺北峯)]과 진흥왕[장우애공
사북봉(葬于哀公寺北峯)]은 그 장지가 같다. 『삼국사기』에서는 진지왕
의 '장지'를 영경사 북쪽[장우영경사북(葬于永敬寺北)]이라고 해서 앞의
두 왕의 장지인 애공사(哀公寺)와 다른 영경사라는 곳에 안장하였
다고 전한다. 그런데『삼국유사』에는 진지왕릉의 위치를 '능재애
공사북(陵在哀公寺北)'이라고 표기되어 있어서, 영경사가 바로 애공
사와 같거나 가까운 거리의 장소임을 알 수 있다. 결과적으로 법
흥왕과 진흥왕 그리고 진지왕릉이 모두 애공사 인근에 안장되었
음이 확인되는데, 이는 현재의 서악 근처로 비정된다.

이에 반해서 진지왕의 뒤를 이은 진평왕[장우한지(葬于漢只)], 선덕왕[장우낭산(葬于狼山)], 진덕왕[장사량부(葬沙梁部)]의 왕릉은 서악과는 거리가 먼 곳에 자리하고 있다. 즉, 진평왕은 신라 6부 가운데 한 부(部)인 한지부에, 선덕왕의 왕릉은 낭산에, 진덕왕은 신라 6부 가운데 한 부(部)인 사량부에 소재하고 있음을 전하고 있다. 이것은 무엇을 의미하는 것일까.

그에 반해서 태종무열왕(太宗武烈王)[장영경사북(葬永敬寺北)]의 장지는 다시 서악의 영경사 북쪽으로 기재되어 있다. 앞에서 살펴본 진지왕의 장지가 영경사 북쪽[葬于永敬寺北] 또는 애공사 북쪽[陵在哀公寺北]이라고 하였는데, 앞서 영경사나 애공사의 위치가 같거나 비슷한 지역에 있었던 사찰로 이해한다면, 진지왕의 손자인 태종무열왕의 장지가 또다시 영경사 북쪽[葬永敬寺北]으로 기재되고 있다는 점은 주목할 필요가 있다.

곧, 진평왕과 그의 가계인 선덕왕과 진덕왕의 왕릉만 기왕의 왕릉 지역과는 별개의 지역에 조성되었다는 것인데, 그 이유는 무엇일까. 게다가 진덕왕 이후 즉위하였던 태종무열왕은 다시 기존의 왕릉 지역으로 회귀하였다는 것은 무엇을 의미할까. 진평왕계가 별도 지역에 매장되었던 이유가 궁금하지만, 현재로서는 알 수 없다. 다만 진평왕의 즉위가 평범하지 않았고, 그의 후계자인 선덕왕이 최초의 여성 왕이었다는 점, 또 그 후계 왕이 진덕왕이었다는 점에서, 진평왕, 선덕왕(善德王), 진덕왕(眞德王)으로 이어지는 왕계는 기왕의 신라 왕통과는 구별할 이유가 있었으며, 그것이 장지의 별치로 나타난 것이 아닐까 추측된다. 더 나아가 그 이유를 상상해 보면 진평왕의 즉위, 선덕왕의 즉위 때에 수반되었을 이변에 의한 분립의식이 작용하였던 것은 아닐까. 그 이변을 정변이라고 보아도 좋지 않을까 한다.

이제 선덕왕의 즉위 과정에서 등장하는 국인의 실체에 접근해 보고자 한다. 선덕왕의 즉위와 관련해서 "왕이 죽고 아들이 없자 국인이 왕으로 세우고"라는 내용으로 보아 상고의 왕위계승 사료와 같은 맥락으로 이해된다. 그런데 국인이 등장하고 있다는 점은 당시 신라 사회에서 진평왕의 죽음 이후 선덕왕의 즉위 과정에서 왕위계승과 관련해서 모종의 논의가 있었음을 시사한다. 특히, 선덕왕의 '미리 알아보는 식견'을 강조하고 있다는 점도 예외적 기사임에 틀림이 없다. 더 나아가 선덕왕이 왕위에 오른 그해(632) 2월에 대신 을제(乙祭)에게 나라의 정치를 총괄하게 하였다는 것이다. 이와 관련해 을제에 관한 다른 자료가 찾아지는데, 이는 주목할 만하다. 다시 말해, 『구당서』 권199 신라전과 『책부원구』 권964 외신부에는 대신 을제와 연관하여 '종실(宗室) 대신 을제'라고 하는 기사가 보인다는 점이다. 여기서 종실은 선덕왕을 직접적으로 후원하는 세력, 즉 정변의 주요 세력으로 이해해도 좋을 듯싶다.

사실 선덕왕의 경우 진평왕에게 아들이 없었다는 점이 왕위를 계승할 수 있는 가장 큰 이유였다고 하더라도, 당시까지는 유례가 없는 여성의 왕위계승이라는 점에서 강력한 지지 세력이 필요하였을 것이다. 그 실체가 국인으로 표현되었을 것으로 생각된다.

이러한 사정은 중고 이후에도 몇 가지 사례가 보인다. 해당 사실을 알기 쉽게 정리해 보면 [표 4]와 같다.

[표 4] 신라 중고 이후의 國人과 政變 관련 내용

왕대	왕명	政變 관련 내용	國人 내용
27대	선덕왕	善德王立. 諱德曼, 眞平王長女也. 母金氏摩耶夫人. 德曼性寬仁明敏. 王薨, 無子, 國人立德曼, 上號聖祖皇姑.	國人立德曼
33대	성덕왕	聖德王立. 諱興光. 本名隆基, 與玄宗諱同, 先天中改焉. 神文王第二子, 孝昭同母弟也. 孝昭王薨, 無子, 國人立之.	國人立之
38대	원성왕	元聖王立. 諱敬信, 奈勿王十二世孫. (中略) 及宣德薨 無子 國人皆呼萬歲.	國人皆呼萬歲
53대	신덕왕	神德王立. 姓朴氏, 諱景暉, 阿達羅王遠孫 父乂兼, 事定康大王爲大阿湌, 母貞和夫人, 妃金氏憲康大王之女. 孝恭王薨無子 爲國人推戴卽位.	國人推戴卽位

중고 이후 등장하는 정변에 의한 왕위계승이라고 생각되는 경우, 두 가지 사실이 확인된다. 하나는 국인과 연관된다는 점, 또 하나는 모두 아들이 없다는 점(無子) 즉, 적자가 없다는 사실이 확인되는데, 따라서 이들의 즉위 또한 정변에 의한 경우로 이해할 수 있다는 점이다. 예를 들면, 선덕왕(善德王), 성덕왕, 원성왕, 신덕왕이 그에 해당하며, 이들의 공통점은 국인과 관련되며, 또한 모두 아들이 없었다는 점(無子)에서 주목된다고 하겠다.

2. 왕권의 정통성 확보와 좌절

여기서는 중고의 왕위계승에서 주목되는 진평왕을 중심으로 해당 시대의 사회상을 점검해 보려고 한다. 특히, 진지왕의 폐위와 진평왕의 즉위가 지닌 적통의 종손(宗孫)이라는 측면에서, 왕권의 정통성 확보와 좌절이라는 문제를 검토해 보고자 한다. 신라 중고 시기는 법흥왕과 진흥왕에 의해 사회 여러 방면에서 다양한 변화를 경험한 시간이었다. 진평왕은 이러한 신라 사회의 발전적

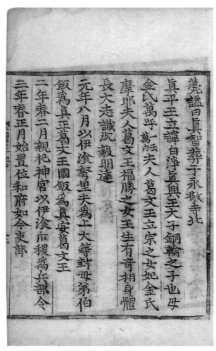

『삼국사기』 신라본기 진평왕

시대를 계승한 인물이다.

진평왕의 즉위는 진흥왕 이후 방계로 이어졌던 왕위를 다시 적손이 승계함으로써 정통성을 회복한다는 의미를 지닌다. 이 과정에서 진지왕의 폐위는 '정란황음'이라는 명분, 즉 불명예를 덧씌워 진행되었다고 본다. 사실 『삼국사기』에서는 '정란황음'이라고 여길 수 있는 구체적인 사실은 어떤 사료에도 적시되지 않았다. 『삼국유사』에 기재된 '정란황음'이라는 용어가 진지왕의 정치적 무능이나 실정을 지적하는 것인지, 아니면 도덕적 해이를 말하는 것인지 자세히 알 수 없지만, 그를 왕위에서 끌어내리는 과정이 순조롭지는 않았음을 보여 주는 기록임은 분명하다. 그렇기에 진지왕이 폐위되는 이 과정을 정변이라고 해도 좋을 것이다. 진지왕을 폐위시키고 즉위한 진평왕은 재위 54년이라는 적지 않은 기간에 다양한 업적을 남겼다. 또한 그의 사후 신라 사회는 또 하나의 역사적 변화를 경험하게 된다.

이 절에서는 진평왕의 재위 기간에 어떠한 변화가 일어났는지 중점적으로 살핀다. 이를 위해, 진평왕의 주요 업적을 두 가지로 나누어 정리해 보려고 한다. 하나는 진평왕 대 정치·사회적 관련 내용이며, 또 하나는 불교(佛敎) 관련 기사의 내용이다. 이 분류는 앞선 법흥왕과 진흥왕 대의 역사적 사실에 근거한 것이다. 법흥왕의 사실을 간단히 분류해 보면, 정치·사회적 사항과 연관해서 볼 수 있는 내용으로 병부의 설치, 율령의 반포, 백관의 공복 제정, 상대등의 설치, 건원 연호 제정 등이 있으며, 불교 관련 내용으로는 불법이 비로소 유행했다거나 영을 내려 살생을 금하게 했다는 것을 들 수 있다.

아울러 진흥왕 대의 사실을 분류해 보면, 정치·사회적 사항과 연관해서는 병부령의 설치, 국사의 편찬, 개국 연호의 사용, 신주의 설치, 태창 연호의 제정, 홍제 연호의 제정, 화랑제 설치 등이 있으며, 불교 관련 내용으로는 흥륜사의 완공, 승려의 출가 허락, 입학승 각덕의 왕래, 황룡사의 창건, 안홍법사의 역할 등을 확인할 수 있다.

이러한 사실은 진평왕 대에도 그대로 계승되는데, 정치·사회적 사항은 위화부의 설치, 선부서의 충원, 조부령과 승부령의 확충, 예부령과 영객부령, 병부대감 그리고 시위부, 상사서, 대도서의 증원 등이 보인다. 위화부는 이부와 같다는 표현대로 정부의 인사와 관련된 업무를 총괄하며, 선부서의 설치는 병부에서 분리되어 내륙과 해양의 업무를 관리하는 역할을 하고, 조부와 승부는 세금 징수와 교통을 맡았다고 볼 수 있다. 예부와 영객부의 설치는 신라 사회가 국제적으로 활동할 수 있는 기반을 마련하는 데 기여되었으며, 병부대감과 시위부, 상사서, 대도서의 인원 확장은 신라 사회의 발전과 짝하여 나타난 결과라고 할 수 있다.

다음으로, 불교 관련 기사의 내용으로는 고승인 원광과 담육 관련 사항이 많다. 이를 제외하면 실제로 영흥사에 불이 나서 가옥 350채를 태웠으므로 왕이 몸소 나아가 구제하였다는 내용, 삼랑사의 완공, 황룡사에 관한 내용이 보인다. 진평왕 대의 불교 관련 기사는 주로 원광과 담육 불법의 전수 내용과 대외관계 관련 내용을 보여 준다. 아울러 영흥사, 삼랑사, 황룡사 등의 사찰과 관련하여 불경을 강설하거나 행차하는 기사가 보인다.

이를 정리해 보면, 진평왕 대의 정치·사회적 변화를 담보하는 다양한 관부의 설치와 확장, 그리고 원광과 담육으로 대표되는 중국 문화의 수용, 즉 고승의 중국 유학과 불교 이념의 확장 등은 법흥왕과 진흥왕 대의 발전 전략을 그대로 계승한 것으로 볼 수 있다. 이를 통해 진평왕 대는 더욱 정치·사회적으로 변모함과 아울러 동시에 사상적으로 불교 이념의 확장을 모색하고 있음을 확인할 수 있다.

그런데 이러한 정치·사회적 변화와 사상적 측면에서의 불교 사상이 점차 확충되고 있지만, 또 다른 문제가 사회 일각에서 발생하고 있다는 점을 간과해서 안 될 것이다. 그것이 바로 진평왕의 중앙집권적 왕권 강화와 함께 나타나는 골품제의 변화라는 측면이다. 이와 관련해서 다음에 보이는 기사는 주목된다.

E. 설계두 역시 신라 명문 가문의 자손이다. 일찍이 친구 4명과 함께 모여 술을 마시며 각자 그 뜻을 말하였다. 계두가 말하기를, "신라에서는 사람을 등용하는 데 골품을 논한다. 진실로 그 족속이 아니면 비록 큰 재주와 뛰어난 공이 있어도 뛰어넘을 수 없다. 나는 원하건대 서쪽 중국에 가서 세상에 드문 지략을 떨치고 특별한 공을 세워 스스로 영광스러운 관직에 올라 고관대작의 옷을 입고 칼과 패옥을 차고서 천자의 곁에 출입하면 만족하겠다."라고 하였다.[10]

위의 E의 기사를 보면, "신라에서는 사람을 등용하는데 골품을 말한다. 진실로 그 족속이 아니면 비록 큰 재주와 뛰어난 공이 있어도 뛰어넘을 수 없다."라는 내용이다. 물론 그 이전에도 이러한 제도상 문제가 없지는 않았겠지만, 실제 그러한 사실이 노정하고 있는 시점이 바로 진평왕 대라고 하는 점을 간과하여서는 안 될 것이다. 이러한 사실은 골품제의 차별이 더욱 심해지고 있다는 점을 증빙해 주는 것으로 볼 수 있다.

진평왕 대와 관련해서 주목되는 사실 가운데 하나가 바로 '성골(聖骨)'이라는 용어의 등장이다. 이에 대해서는 다양한 논의가 없지 않지만, 앞에서 살펴본 진지왕의 폐위와 진평왕의 즉위 이후 드러나는 사회변화는 성골 의식의 강화와 무관치 않다는 점을 확인해볼 수 있다. 이러한 취지에서 진평왕 대의 실상에 접근해 보면, 당대 신라 사회의 현실이 그리 녹록하지 않았을 것임을 역설적으로 대변해 준다고 할 수 있다.

다시 말해, 진평왕 대에 설계두와 같은 의관자손(衣冠子孫)도 결국 신라를 떠나 당나라에 귀부하여 전쟁에 동원되고 있다는 점은 당시 신라의 인재들이 국내정세에 불만을 품고, 결국 중화국(中華國)으로 떠나는 모습이 현실로 드러나고 있음을 알려 준다. 그렇다면 이러한 사실은 무엇을 말해주고 있을까. 필자는 진평왕을 전후해서 앞의 법흥왕, 진흥왕, 진지왕은 같은 '장지'를 공유하고 있으나, 진평왕, 선덕왕, 진덕왕은 그렇지 못하다는 사실에 주목해 보았다.

곧, 진덕왕을 이어서 왕위에 오른 태종무열왕은 다시 법흥왕, 진흥왕 그리고 진지왕을 이어서 영경사 북쪽으로 분명하게 장지를 기재하고 있다는 점이다. 이는 진평왕을 전후한 시기의 변화, 즉 골품제 사회가 법흥왕, 진흥왕, 진지왕 그리고 다시 태종무열왕으로 이어지는 새로운 면모, 곧 진골을 중심으로 편성된 사회적 분위기와 비교해 볼 수 있는 주요한 자료라고 하겠다.

결과적으로 이러한 변화는 무엇을 보여 주는 것일까 궁금하다. 한 걸음 더 나아가서 위와 같은 사실을 통해서 신라 중고기 사회의 어떠한 모습을 들여다볼 수 있을까. 그동안 이 시기를 전후해서 많은 관심의 대상이 된 것으로 성골과 진골의 성립과 한계, 즉 골품제 사회의 운영 문제였다. 성골에 관한 표기로 『삼국사기』에는 시조 박혁거세로부터 시작되었다고 하였으나, 『삼국유사』에서는 '이상중고성골(以上中古聖骨)'이라 하여, 그 시기를 중고로 한정하여 표기하고 있다. 이때의 중고는 어느 때를 가리키는 것일까. 물론 문자 그대로라면 법흥왕 대부터라고 할 수도 있을 것이다. 그러나 당시의 사회 상황을 자세히 들여다보면, 그것이 바로 진평왕 대라고 말할 수 있을 것이다.[11]

다시 말해, 신라 사회에서 진평왕, 선덕왕, 진덕왕의 소위 '성골남진(聖骨男盡)'의 범주가 엄연히 존재하였지만, 진평왕은 자신을 포함한 성골 의식을 신라 왕계의 핵심으로 강조하였고, 성골만이 왕위를 계승할 수 있다는 기준을 마련하였지만, 불행하게도 그 자신은 성골 남성 후계자를 남기지 못하였다. 그런데 진평왕은 남성이라는 조건보다 성골이라는 조건을 더 우선시한 결과, 성골이 아닌 남성을 후계자로 삼기보다 차라리 성골인 여성을 후계자로 지명하였다고 본다. 진평왕은 재위 54년간 신라 사회를 공고히 하기 위한 제도의 정비와 사상의 확립을 도모하여 굳건한 신라를 세우고자 하였으나, 결과적으로 '성골'이라는 제한된 후계자 계승 시도는 그 자체 성공하지 못하였고, 종국에는 신라를 위기에 빠뜨리기도 하였다.

진평왕의 성골 의식으로 인해 선덕왕, 진덕왕으로 이어지는 그들만의 새로운 시대를 창출하였지만, 그것은 결국 단명 왕계, 즉 진평왕계로서 끝나는 한계에 다다를 수밖에 없었다. 곧, 진평왕의 성골 의식, 여성으로서의 선덕왕의 즉위, 그리고 또 다른 여성 계승자로서의 진덕왕의 즉위와 같은 정치·사회적 한계를 드러내면서, 결국 진지왕을 중심으로 한 새로운 가계가 중대(中代)라는 시대를 개창하게 된다. 흔히 무열왕계로 알려진 왕위계승이 바로 이것이다.

한때 진평왕을 둘러싼 세력들의 정변이 성공하기도 하였다. 그 시간은 성골 의식을 신라 왕계의 핵심으로 강조하였을 뿐, 성골만이 왕위를 계승할 수 있다는 기준으로 인해, 불행하게도 성골 남성 후계자를 남기지 못한 불찰로 나타났다. 결론적으로 3대에 걸친 그들만의 왕계를 열었으나, 정치·사회적으로 각광을 받는 새로운 시스템을 창출하지 못함으로써, 진평왕계는 수명을 재촉하였다는 점에서 정변의 결과를 새삼 떠올릴 필요가 있을 것이다.

IV. 맺는 글

이 글에서는 신라 상대의 왕위계승과 그 가운데 발생한 정변의 내용을 다루었다. 또한 상대의 정변을 통해서 왕권이 어떻게 확립되어 갔는지를 살펴보았다. 먼저, 통상 한 왕조가 혈통에 의해서 왕위가 계승된다는 원칙에 주목하여 『삼국사기』 초기 기록에 보이는 성씨의 사용 문제를 '박·석·김' 3성의 사용 시기와 연관하여 검토해 보았다. 또한 한자의 사용 현황을 중심으로 신라 초기에는 그 사용이 여의찮았다는 점에 착안하여, 박씨와 석씨, 그리고 김씨라는 설정이 중고기에 비로소 등장하였으며, 구체적으로는 '성김씨'에 의한 『국사』 편찬과정에서 박씨와 석씨의 성씨가 새롭게 부여된 것으로 추정하였다. 그 결과 상고의 왕위계승 사료도 진흥왕 대의 『국사』 편찬과정에서 소급 적용된 것으로 이해하였다.

다음으로, 중고의 정변과 왕권의 확립과정에서는 진지왕의 폐위와 진평왕의 즉위, 선덕왕과 국인에 주목하였다. 이는 『삼국사기』와 『삼국유사』에 적시된 내용이 서로 다른 형태로 기록되었으며, 따라서 이러한 사료를 어떻게 해석할 것인지 하는 문제 때문이었다. 이를 위해 사료의 행간에 드러나는 역사적 사실을 변증해 보려고 하였다. 기왕의 연구 성과를 토대로 하면서 새로운 방법론을 제시하였는데, 하나는 진지왕의 사망 일자의 사실성, 또 하나는 장지의 분포 문제 등에 주목하였다. 그 결과 진평왕의 즉위는 정변에 의한 왕위계승이었다는 점, 또한 선덕왕과 국인의 관계에 주목하여 그 또한 정변에 의한 왕위계승이었음을 살펴보았다.

물론 진평왕의 왕위계승은 성골 의식에 입각한 왕권의 확립과정이었으나, 왕위를 계승할 적자가 없었던 관계로 결국 '성골남진'이라는 족쇄에 걸려 그 진행 과정에 한계를 드러냈다고 보았다. 그리고 태종무열왕에 의한 '중대'의 개창과 더불어 무열왕계가 확립되었으며, 이를 통한 신라의 왕위계승은 하대에 이를 때까지 지속되었음을 규명해 보았다.

한마디로, 신라 상대의 왕위계승 과정에서 정변은 여러 차례 발생하였으며, 그 정변은 국인과 밀접한 관계 속에서 작용하였다는 점을 파악해 보았다. 곧, 정상적인 왕위계승이 난관에 부딪혔을 때는 어김없이 국인이 등장하였으며, 그들로 인해 신라 사회

"신라 하대의 쿠데타, 내부 갈등이 외교의 새로운 방향을 제시하다."

신라 하대의 쿠데타와 대외교섭

최희준

가천대학교 강사이다. 저서 및 논문으로 「上太師侍中狀」의 '太師侍中'과 최치원의
재입당 사행항로」(『탐라문화』 74, 2023), 「644년 당의 대고구려전 파병 요구와 신
라의 대응」(『신라사학보』 54, 2022), 「7세기 후반 신라의 영접의례 구성 −당·일본
과의 비교를 중심으로−」(『신라문화』 59, 2021), 「최치원의 사행과 재입당 시점 재
고 −「旅遊唐城贈先王樂官」의 분석을 중심으로−」(『사학연구』 143, 2021), 「621년
나당수교와 그 전개 양상」(『신라사학보』 52, 2021) 등이 있다.

신라 하대의 쿠데타와 대외교섭

최희준(가천대학교 강사)

I. 시작하는 글

쿠데타(coup d'état)란 체제 내에서 이미 중요한 권력을 쥐고 있거나, 체제 내의 권력자와 공모한 인물, 혹은 소그룹이 갑작스럽고 강제적이며 불법적인 수단으로 정부를 전복시키고 권력을 장악하는 정치 행위를 뜻한다. 일반적으로 나폴레옹 1세가 군을 동원해 의회를 해산시키고 제1통령에 즉위한 사건(1799)과 나폴레옹 3세가 프랑스 제2공화국의 의회를 해산하고 황제에 즉위한 사건(1851)을 쿠데타의 역사적 기원으로 꼽는다. 쿠데타는 단순히 최고위 권력층만 교체될 뿐, 결과적으로 사회 및 경제 문제의 해결에 별다른 기여를 하지 않고 경쟁 집단과의 권력 분배도 나타나지 않는다는 특징을 보인다. 이 같은 점이 기존 체제의 모순을 부정하고 사회·경제·정치적 변화를 도모하기 위해서 아래로부터 대규모의 인원이 참여하는 혁명과 근본적인 차이이다.[1] 쿠데타는 프랑스 근대사에서 기인한 역사 용어지만, 현재는 이를 넘어 소수의 정치 엘리트에 의해 자행된 불법적인 정권 찬탈을 의미하는 일반명사로 널리 통용되고 있다.

이러한 의미에서 신라 하대는 쿠데타의 시기였다. 제37대 선

170 고대사회에도 쿠데타가 있었는가?

덕왕(宣德王)부터 제56대 경순왕(敬順王)까지 총 155년의 기간 동안 신라에서는 모두 13차례의 쿠데타가 시도되었다. 이는 평균 약 12년에 1번의 빈도로 쿠데타가 발생했음을 의미한다. 이 중에서 실제 쿠데타에 성공하여 왕위에 오른 경우도 4건이나 존재한다. 약 30%의 확률로 쿠데타가 성공했던 것이다.

『삼국사기(三國史記)』나 『삼국유사(三國遺事)』에서는 신라 하대에 발생한 쿠데타 행위를 대부분 '반(叛)'으로 표기하였는데, 간혹 '역(逆)', 또는 '난(亂)'이라는 자(字)로 기록하기도 하였다. 『당률소의(唐律疏議)』에 따르면 '모반(謀叛)'과 '모대역(謀大逆)'은 십악(十惡)에 포함되는 가장 무거운 죄들이었다. '모반'은 나라를 배반하고 가짜 군주 따르기를 도모한 죄였고,[2] '모대역'은 종묘와 산릉, 궁궐의 훼손을 도모한 죄였다.[3] 그런데 『삼국사기』나 『삼국유사』는 해당 내용을 검토해 봤을 때 '반'과 '역'을 엄격하게 구분하여 사용한 것 같지는 않다. 단, 쿠데타의 주체가 왕을 시해하고 쿠데타에 성공했을 경우, 이를 '난'으로 표기했다는 점은 특기할 만하다. 당률에서는 군주를 해치고자 도모한 죄를 '모반'이라고 하여 십악 중에서도 가장 나쁜 죄로 꼽았다.[4] 『삼국사기』의 해당 기사들은 성공한 쿠데타에 대해서 '반' 대신, '난'이라는 우회적 대체 표현을 사용한 것으로 판단된다.

신라의 쿠데타와 관련해서는 『삼국사기』에 기록된 신라의 '반역' 사건들을 종합적으로 분석하여 그 전후의 정치·사회 변화 과정을 검토하고 역사적 성격을 구명한 강성원의 연구가 선구적이다.[5] 김창겸은 연구 시기를 신라 하대로 집중하고 이 시기 반역의 사례를 크게 왕위찬탈형, 민란형, 왕조부정형 세 가지로 대별한 뒤, 그중에서도 왕위찬탈형 반역에 대해 본격적이고 구체적인 연구를 진행하였다. 이 연구는 반역 사건들의 원인과 성격, 그리고 이러한 사건들이 신라 사회와 정치에 끼친 영향을 분석하고, 이를 통해 신라 하대의 반역이 왕권과 국가 구조에 어떤 영향을 미쳤는지 깊이 탐구한 것이다.[6]

　본고 역시 연구 대상 시기를 신라 하대에 한정한다. 분석 대상은 『삼국사기』나 『삼국유사』 등의 사서에서 '반'·'역'·'난'으로 표기된 기사 중 앞서 살핀 쿠데타의 일반적인 정의에 부합하는 사건들에 집중할 것이다. 따라서 내란(rebellion)이나 봉기(insurrection), 새로운 왕조의 개창 등에 해당하는 사례들은 사서에서 '반'이나 '역' 등으로 표기되어 있더라도 분석 대상에서 제외하였다.[7] 이에 먼저 신라 하대의 쿠데타 사례들을 정리하여 제시하고, 쿠데타에 성공하여 왕위에 오른 국왕들의 통치기에 전개된 신라의 대외교섭 양상을 검토할 것이다. 그 과정에서 통치의 정당성과 정통성이 부족했던 쿠데타 왕권이 권력의 안정과 유지를 위해서 어떻게 외교를 활용했는지 확인한다면, 신라 하대의 외교가 갖는 특징들을 모색해 볼 수 있을 것이다.

II. 신라 하대의 쿠데타

　신라 하대(下代)는 쿠데타로부터 시작되었다. 신라 중대(中代)의 마지막 왕인 혜공왕(惠恭王)은 재위 16년(780)에 발생한 쿠데타로 왕비와 함께 살해당했다.

A-1. 伊湌 金志貞이 叛하여, 무리를 모아 궁궐을 포위하고 침범하였다.[8]

A-2. 上大等 金良相이 伊湌 敬信과 함께 군사를 일으켜 志貞 등을 주살하였다. 왕과 왕비는 亂兵에게 시해당했다.[9]

A-3. 8살에 (선)왕이 崩하자 太子가 즉위하였으니 곧 惠恭大王이다. (중략) 그러므로 나라에 큰 亂이 있어 마침내 宣德과 金良相에게 시해당했다.[10]

사료 A-1은 780년 2월에 이찬(伊湌) 김지정(金志貞)이 쿠데타를 일으켜 궁궐을 포위하고 침범한 사실을 전하는 『삼국사기』 신라본기의 기사이다. 그리고 사료 A-2는 같은 해 4월조 기사로 상대등(上大等) 김양상(金良相)과 이찬 김경신(金敬信)이 군사를 동원해 김지정을 처단하였고, 그 과정에서 혜공왕과 왕비가 난병(亂兵)에게 살해당했음을 기술하고 있다. 즉, 『삼국사기』의 해당 사건 기록은 김양상과 김경신이 김지정의 쿠데타를 진압했고, 혜공왕을 시해한 주체는 실체를 알 수 없는 난병으로 정리되어 있다. 반면, 사료 A-3은 동일한 사건을 기술한 『삼국유사』의 기록인데, 여기서는 혜공왕을 시해한 주체로 "선덕과 김양상"을 명기하였다. 여기서 '선덕'은 혜공왕 사망으로 즉위한 선덕왕 김양상을 뜻하므로, "선덕과 김양상"의 '김양상'은 김양상과 함께 행동했던 '김경신'의 오(誤)[11]로 파악된다. 즉, 혜공왕의 사망과 관련하여 『삼국사기』는 시해 주체를 난병으로 기술한 반면, 『삼국유사』는 김양상과 김경신을 지목하여 차이를 보인다.

이 때문에 연구자들 사이에서도 혜공왕 시해 주체에 대해서는 견해가 나뉘고 있는 실정이다.[12] 그런데, 김양상이 선덕왕으로 즉위한 뒤 추진했던 대당교섭의 양상으로 봤을 때, 혜공왕 시해의 주체에 대해서는 『삼국유사』의 기록이 역사적 사실을 반영하고 있는 것이 아닌가 판단한다.[13] 즉, 김양상의 선덕왕 즉위는 그가 일으켰던 또 다른 쿠데타의 결과였다. 이처럼 신라 중대는 김양상과 김경신의 쿠데타로 종결을 맞이하였고, 그 결과 신라 하대가 새롭게 시작되었다.

B-1. 선덕왕이 훙(薨)하였는데 아들이 없자 여러 신하들이 의논한 뒤 왕의 족자(族子)인 주원(周元)을 옹립하고자 하였다. 주원의 집은 경(京)에서 북쪽으로 20리에 있었는데, 큰비가 내려 알천(閼川)의 물이 넘치자 주원이 건너지 못했다. 혹자가 말하기를, "임금(人君)은 높은 지위라서 진실로 사람이 도모할 바가 아니다. 오늘의 폭우는 하늘이 혹시 김주원을 세우고 싶지 않았기 때문이 아닐까? 지금 상대등 김경신은 전왕의 동생으로, 본디 덕망이 높고 임금의 품성을 갖고 있다."라고 하였다. 이에 중의를 모아 그를 세워 왕위를 계승하도록 하였다.[14]

B-2. 이찬(伊飡) 김주원(金周元)이 처음에 상재(上宰)가 되고, 왕(김경신)은 각간(角干)으로 이재(二宰)의 지위에 있었다. (중략) 얼마 지나지 않아 선덕왕(宣德王)이 붕(崩)하자, 국인(國人)들이 김주원을 받들어 왕으로 삼고자 하였다. 장차 궁에 들여 맞이하려 하였는데, 집이 하천 북쪽에 있어 갑자기 하천이 불어나자 건널 수가 없었다. 왕(김경신)이 먼저 궁에 들어가 왕위에 오르자, 상재의 무리가 모두 와서 그를 따랐다. 새로 등극한 군주에게 절을 올리고 경하드리

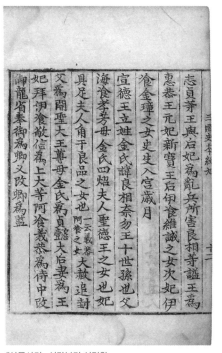

『삼국사기』신라본기 선덕왕

니 이가 원성대왕(元聖大王)이다. 휘(諱)는 경신(敬信)이고, 성은 김씨(金氏)이다. 대개 후몽(厚夢)의 감응이었다. 주원은 명주(溟州)로 퇴거하였다.[15]

사료 B-1은 『삼국사기』 신라본기 원성왕 즉위조의 기사이다. 이에 따르면 선덕왕이 후사 없이 사망하자 신라의 신하들이 의논하여 선왕의 족자인 김주원을 차기 왕으로 옹립하였다. 이에 주원이 입궁하려 하였는데, 마침 폭우가 쏟아져 알천의 물이 불어나 건너지 못했다. 그러자 신하들의 뜻이 재고되어 김경신이 왕위에 올랐다고 한다. 사료 B-2는 동일한 사건을 서술한 『삼국유사』의 기록으로, 사료 B-1의 내용을 보완해 준다. 예를 들어 선덕왕대에 김주원은 상재, 김경신은 이재의 지위에 있었다는 점, 처음 신하들이 김주원을 받들어 왕위에 올리려고 했으나 하천의 물이 불어나 주원이 입궁하지 못하고 있을 때, 김경신이 그 틈에 먼저 궁에 들어가 왕위에 올랐다는 점, 그 후 김주원을 따르던 무리도 모두 와서 경신을 따랐고 주원은 명주로 퇴거했다는 점 등이 『삼국사기』 기사에는 보이지 않는 사실들이다.

애초에 선덕왕이 후사 없이 사망한 상황에서 군신들이 의논해 차기 왕으로 추대한 자는 김주원이었다. 그런데 폭우로 그의 입궁이 지연되던 틈을 타서 추대받지 못한 김경신이 김주원보다 먼저 궁에 들어가 왕위를 차지해 버렸다. 김경신에 의해서 쿠데타가 발생한 것이다. 김경신이 무력으로 왕궁을 장악했기 때문에, 김주원을 따르던 사람들도 갑자기 김경신의 즉위에 찬성하며 절을 올리고 경하드리는 상황이 전개된 듯하다. 이후 김주원이 명주로 물러난 사실이나, 훗날 김주원의 아들 김헌창이 아버지가 왕위에 오르지 못한 것을 이유로 반란을 일으킨 사실[16] 모두 김경신이 불법적인 권력 찬탈, 즉 쿠데타를 통해서 왕위에 올랐음을 반증한다. 원성왕의 즉위가 정상적인 계승이 아니었기에 그 후유증으로 왕위에 도전하는 쿠데타가 그의 재위 중에 시도되었으니, 원성왕 7년(791)에 발생한 이찬 제공(悌恭)의 반란이 그것이다.[17]

C-1. 원화(元和) 4년(809) 기축(己丑) 7월 19일에 (애장왕이) 왕의 숙부인 헌덕(憲德)과 흥덕(興德) 두 이간(伊干)에게 시해당하여 붕(崩)하였다.[18]

C-2. 왕의 숙부 언승(彦昇)과 아우 이찬(伊湌) 제옹(悌邕)이 병사를 이끌고 왕궁으로 들어와 난(亂)을 일으키고 왕을 시해하였다. 왕의 아우 체명(體明)이 왕을 시위하다가 같이 해를 당했다.[19]

C-1은 『삼국유사』 왕력의 기록으로 신라 제40대 애장왕이 재위 10년 만인 809년에 자신의 두 숙부인 김언승과 김제옹에게 시해당한 사실을 전한다. 사료 C-2는 당시의 정황을 보다 구체적으로 기술한 『삼국사기』의 기사이다. 이에 따르면 김언승·김제옹 형제는 군사를 이끌고 왕궁으로 들어가 쿠데타를 일으키고 자신들의 조카인 애장왕과 그 동생 김체명을 살해했다. 쿠데타 성공 후, 애장왕의 두 숙부는 차례로 신라 국왕에 즉위하였는데, 신라 제41대 헌덕왕과 제42대 흥덕왕이 그들이다. 이 때문에 사료 C-1에서는 김언승을 '헌덕', 김제옹을 '흥덕'이라고 표기하였다.

D-1. 처음에 흥덕왕(興德王)이 훙(薨)하자, 그의 사촌 동생 균정(均

貞)과 (다른) 사촌 동생의 아들 제융(悌隆)이 모두 임금이 되고자 하였다. 이에 시중(侍中) 김명(金明)과 아찬(阿飡) 이홍(利弘)『삼국유사』배훤백(裵萱伯) 등이 제륭을 받들었고, 아손(阿飡) 우징(祐徵)은 조카 예징(禮徵)『삼국유사』김양(金陽)과 함께 자신의 아버지 균정(均貞)을 받들었다. 동시에 왕궁에 들어가 서로 싸웠는데, 김양은 화살을 맞고 우징 등과 함께 달아났으며 균정은 살해당했다. 그 후에 제륭이 즉위할 수 있었다.[20]

D-2. 상대등(上大等) 김명(金明)과 시중(侍中) 이홍(利弘) 등이 군사와 함께 난(亂)을 일으켜서 왕의 측근들을 해쳤다. 왕은 스스로 온전할 수 없음을 알고 이내 왕궁 안에서 목을 매었다.[21]

D-3. 김양(金陽)이 병사를 모아 청해진(淸海鎭)으로 들어가 우징(祐徵) 아찬(阿飡)을 만났다. 우징은 청해진에 있으면서 김명(金明)이 왕위를 찬탈했다는 소식을 듣고, 청해진의 대사(大使) 궁복(弓福)에게 말하기를, "김명은 임금을 시해하고 스스로 즉위하였고 이홍(利弘)은 사특하게 군부(君父)를 죽였으니, 같은 하늘 아래 살 수 없습니다. 장군의 병사에 의지해 군부의 원수를 갚고 싶습니다."라고 하였다.[22]

D-4. 김양(金陽)이 평동장군(平東將軍)이 되어, 염장(閻長)『삼국유사』장변(張弁)『삼국유사』정연(鄭年)『삼국유사』낙김(駱金)『삼국유사』장건영(張建榮)『삼국유사』이순행(李順行)과 함께 군대를 통솔하여, 무주(武州) 철치현(鐵冶縣)에 이르렀다. 왕이 대감(大監) 김민주(金敏周)로 하여금 군사를 내어 맞이해 싸우게 하였다. (김양이) 낙금과 이순행을 보내 마군(馬軍) 3,000기로 돌격하게 하니, 거의 다 살상하였다.[23]

D-5. (김양의 군대가) 밤낮으로 행군하여, 19일 달벌(達伐)의 언덕에 이르렀다. 왕이 군대가 도착했다는 소식을 듣고, 이찬(伊湌) 대흔 (大昕)과 대아찬(大阿湌) 윤린(允璘)『삼국유사』억훈(嶷勛) 등에게 명하여 병사를 거느리고 그들을 막게 하였다. 또한 일전을 벌여 (김양의 군대가) 크게 이겼고, 왕의 군사는 죽은 자가 반이 넘었다. 이때 왕은 서교(西郊)에 있는 큰 나무 아래에 있었는데, 좌우가 모두 흩어지자 홀로 서서 어찌할 바를 몰랐다. 월유택(月遊宅)으로 도망쳐 숨었지만 병사들이 찾아내 그를 해쳤다.[24]

사료 D-1은『삼국사기』신라본기 희강왕 원년(836) 12월조의 기사로, 흥덕왕이 후사 없이 사망한 직후 벌어졌던 김제륭 세력과 김균정 세력의 왕위쟁탈전 전말을 기술하고 있다. 이에 따르면 김균정은 흥덕왕의 사촌 동생이었고, 김제륭은 또 다른 사촌 동생의 아들이었는데, 836년 흥덕왕이 후사 없이 사망하자 차기 왕위를 놓고 서로 충돌하였다. 이때 시중 김명과 이홍·배훤백 등은 제륭의 편에 섰고, 김우징은 조카인 김예징·김양 등과 함께 자신의 아버지인 김균정을 지지했다. 이들 두 세력 모두 무장을 하고 동시에 왕궁으로 들어가 서로 전투를 벌인 결과, 김제륭이 승리하였다. 그 과정에서 김균정은 살해당했고 김양과 김우징은 달아났다.

경쟁자를 무력으로 제압한 김제륭은 흥덕왕의 뒤를 이어 신라 제43대 희강왕으로 즉위했다. 그러나 사료 D-2에 따르면, 희강왕 또한 즉위한 지 약 1년 만인 838년 1월, 김명과 이홍이 일으킨 쿠데타로 인해 스스로 왕궁에서 목을 매 목숨을 끊었다고 한다. 그 결과 김명은 신라 제44대 민애왕(閔哀王)으로 즉위하였으나,[25] 그 역시도 장보고와 연합한 김우징의 반(反) 쿠데타군에 의해서 즉위 1년 만인 839년 1월에 왕경의 월유택에서 살해당했다.(사료 D-3~5) 이에 김우징은 곧바로 신라 제45대 신무왕(神武王)으로 즉위하였다.

E-1. 일길찬(一吉湌) 홍필(弘弼)이 반(叛)을 도모하였다. 일이 발각되자 달아나 바다의 섬으로 들어갔는데, 체포하려 했지만 잡지 못했다.[26]

E-2. 이찬(伊湌) 양순(良順)과 파진찬(波珍湌) 흥종(興宗) 등이 반(叛)하여 복주(伏誅)하였다.[27]

E-3. 이찬(伊湌) 김식(金式)과 대흔(大昕) 등이 반(叛)하여 복주(伏誅)하였다. 대아찬(大阿湌) 흔린(昕鄰)도 죄가 연좌(緣坐)되었다.[28]

신무왕이 재위 1년을 다 채우지도 못한 채 839년 11월 23일에 사망하자,[29] 그의 뒤를 이어 아들인 문성왕(文聖王)이 즉위하였다. 문성왕은 3년이라는 짧은 기간 동안 신라 지배층 간에 벌인 극심한 왕위계승권 갈등을 거친 뒤 즉위하였기 때문에, 재위 후 여러 세력에 의한 일련의 쿠데타 시도에 직면하였다. 문성왕 3년(841)에는 일길찬 홍필이 쿠데타를 모의하였고,(사료 E-1) 같은 왕 9년(847)에는 이찬 양순과 파진손 흥종 등이 쿠데타를 일으켰다가 처단당했다.(사료 E-2) 문성왕 11년(849)에는 이찬 김식과 대흔 등이 쿠데타를 일으켰다가 처단당했는데, 이때 대아손 흔린도 연좌되었다고 한다.(사료 E-3) 문성왕은 집권 후에 시도된 일련의 쿠데타를 모두 막아 냈고, 그 결과 역설적으로 왕권이 신장되어 안정적인 정국을 유지할 수 있었다.

> F-1. 이찬(伊飡) 윤흥(允興)과 아우 숙흥(叔興)·계흥(季興)이 역(逆)을 도모하다 일이 발각되어 대산군(岱山郡)으로 달아났다. 왕이 명을 내려 추포하고 참수하였으며, 일족을 멸하였다.[30]
>
> F-2. 이찬(伊飡) 김예(金銳)와 김현(金鉉) 등이 반(叛)을 도모하여 복주(伏誅)하였다.[31]
>
> F-3. 이찬(伊飡) 근종(近宗)이 역(逆)을 도모하여 궁궐을 침범하자 금군(禁軍)을 출동시켜 그들을 쳐부쉈다. 근종과 그 무리는 밤에 성을 빠져나갔는데, 추격하여 사로잡고 거열형에 처하였다.[32]

제48대 경문왕은 선왕(先王)인 헌안왕(憲安王)에게 후사가 없자 왕의 사위로서 유조(遺詔)에 따라 왕위에 올랐다.[33] 이에 그의 즉위에 반발하여 또다시 수차례의 쿠데타가 발생하였다. 먼저 경문왕 6년(866)에 윤흥 형제들이 쿠데타를 도모하다 사전에 발각되어 참수되고 멸족당한 사건이 벌어졌다.(사료 F-1) 같은 왕 8년(868)에는 김예와 김현 등이 쿠데타를 도모하다가 처형당했다.(사료 F-2) 경문왕 14년(874)에는 이찬 근종이 쿠데타를 시도하려고 궁궐을 침범하다가 금군에게 격파당해 달아났는데, 이를 추격해 사로잡고 거열형에 처했다고 한다.(사료 F-3) 경문왕 대 이후에도 신라에서는 헌강왕 5년(879)에 일길손 신홍이, 그리고 경명왕 2년(918)에 일길손 현승이 각각 쿠데타를 일으켰다가 처형당한 사실이 확인된다.[34]

[표 1] 신라 하대의 쿠데타

연번	왕대	발생연도	쿠데타 주체	표기	성공여부	즉위 왕명	전거
1	혜공왕 16년	780년	양상, 경신	亂	성공	선덕왕	『삼국사기』 신라본기 9, 『삼국유사』 기이2
2	선덕왕 6년	785년	경신	·	성공	원성왕	『삼국사기』 신라본기 10, 『삼국유사』 기이 2
3	원성왕 7년	791년	제공	叛	실패		『삼국사기』 신라본기 10
4	애장왕 10년	809년	언승	亂	성공	헌덕왕	『삼국사기』 신라본기 10, 『삼국유사』 왕력
5	희강왕 3년	838년	김명, 이홍	亂	성공	민애왕	『삼국사기』 신라본기 10
6	문성왕 3년	841년	홍필	叛	실패		『삼국사기』 신라본기 11
7	문성왕 9년	847년	양순, 흥종	叛	실패		『삼국사기』 신라본기 11
8	문성왕 11년	849년	김식·대흔	叛	실패		『삼국사기』 신라본기 11
9	경문왕 6년	866년	윤흥, 숙흥, 계흥	逆	실패		『삼국사기』 신라본기 11
10	경문왕 8년	868년	김예, 김현	叛	실패		『삼국사기』 신라본기 11
11	경문왕 14년	874년	근종	逆	실패		『삼국사기』 신라본기 11
12	헌강왕 5년	879년	신홍	叛	실패		『삼국사기』 신라본기 11
13	경명왕 2년	918년	현승	叛	실패		『삼국사기』 신라본기 12

  지금까지 살펴본 신라 하대에 발생한 쿠데타 사례를 표로 정리하면 〈표 1〉과 같다. 하대 155년의 기간 동안 총 13차례의 쿠데타가 발생했고, 이중 약 30%에 해당하는 4차례의 쿠데타가 왕위 찬탈에 성공했다. 그리고 이들 성공한 쿠데타는 하대가 시작되고 약 60년 동안에 집중적으로 발생했다. 바꿔 말하면 840년대 이후 신라가 멸망할 때까지 시도된 쿠데타는 모두 실패로 돌아갔다는 이야기다. 이는 하대 초에 쿠데타로 인한 왕위 교체가 잦은 빈도로 발생하자, 840년대 이후의 신라 국왕들이 쿠데타 발생에 더욱

적극적으로 대비했기 때문일 것이다. 이뿐만 아니라 9세기 중반을 지나면 지방에 거점을 둔 정치 세력들의 발흥, 백성들의 봉기, 새로운 국가의 건설 움직임 등과 같이 신라 왕권에 저항하는 방식이 달라지고 지역이 넓어지며 주체가 다양해졌던 시대적 경향성 때문이기도 하다. 이는 골품제 아래 중앙귀족 중심의 신라 사회가 점차 해체되어 가는 과정과도 궤를 같이한다.

III. 쿠데타 왕권의 대외교섭 양상

지금부터는 장을 바꿔서 쿠데타에 성공한 신라 하대의 국왕들이 집권 후 추진했던 주변국과의 외교 양상에 대해서 검토해 보도록 하자. 검토 대상은 선덕왕(780~785), 원성왕(785~798), 헌덕왕(809~826) 등 3명의 국왕이다. 민애왕의 경우 재위 기간이 838년 1월부터 839년 윤1월까지 1여 년밖에 되지 않고, 해당 기간에는 외교 활동이 일절 확인되지 않는다. 따라서 본 장에서는 민애왕 대의 외교 활동에 대해서는 분석을 생략한다.

다음 G군의 사료는 쿠데타에 성공한 신라 국왕들이 즉위한 후 파견한 첫 사신의 사례를 모아서 제시한 것이다.

G-1. 사신을 보내 당(唐)에 들어가 조공하게 하였다.[35]

G-2. 김원전(金元全)을 보내 당(唐)에 들어가 방물(方物)을 진봉(進奉)하게 하였다.[36]

G-3. 왕자(王子) 김헌장(金憲章)을 보내 당(唐)에 들어가 금은불상(金銀佛像)과 불경(佛經) 등을 바치고 순종(順宗)의 복을 빌기 위해 말을

올리게 하였다.[37]

　사료 G-1은『삼국사기』신라본기 선덕왕 3년(782) 윤정월조 기사로, 신라에서 대당사신을 파견해 조공토록 했다는 내용을 전한다. 선덕왕은 780년 4월에 쿠데타로 즉위했으므로, 즉위 후 만 2년이 되지 않은 시점에 첫 교섭 상대국으로 당을 선택해 사신을 파견하였다.

　사료 G-2는『삼국사기』신라본기 원성왕 2년(786) 4월조 기사로, 신라가 사신 김원전을 당으로 파견하여 방물을 헌상한 사실을 전한다. 원성왕의 경우 785년 1월에 즉위하였으므로, 1년 3개월 만에 이행된 외교 활동이었고 그 첫 상대국 역시 당이었다.

　다음 사료 G-3은『삼국사기』신라본기 헌덕왕 2년(810) 10월조의 기사인데, 이에 따르면 신라는 왕자 김헌장을 당에 사신으로 보내 불상과 불경 등을 바치고 순종의 복을 비는 말을 올렸다고 한다. 김언승이 자신의 조카인 애장왕을 죽이고 헌덕왕으로 즉위한 것이 809년 7월의 일이니, 쿠데타 후 1년 3개월 만에 파견한 첫 사신단이고, 파견국은 당이었다. 이처럼 신라 하대에 쿠데타로 집권한 국왕들은 즉위 후 2년을 넘기지 않은 시점에 대외교섭을 시작했고, 첫 교섭 상대국은 모두 당이라는 공통점을 지녔다.

　H-1. 비서승(秘書丞) 맹창원(孟昌源)을 국자사업(國子司業)으로 삼고, 어사중승(御史中丞) 신라조제책입사(新羅弔祭冊立使)를 겸하게 하였다. 이에 앞서 건중 4년(783)에 신라왕 김건운(金乾運)이 죽었는데

아들이 없어 국인(國人)들이 상상(上相) 김양상(金良相)을 왕으로 세
웠다. 이때 조서를 내려 김양상을 검교태위(檢校太尉) 도독(都督) 계
림주자사(雞林州刺史) 영해군사(寧海軍使)로 삼고, 맹창원을 보내 조
문하고 책봉하였다.[38]

H-2. 건중(建中) 5년 갑자(甲子, 784)에 김양공(金讓恭)이라는 호(號)의
사신 한찬(韓粲)을 따라서 바다를 건너 당(唐)에 들어갔다.[39]

　　사료 H-1은 당 덕종이 사신 맹원창을 조문 겸 책봉사로 파견
하여 선왕 혜공왕의 사망을 위로하고 새로 즉위한 선덕왕을 책봉
했던 사실을 전하는 『책부원귀(冊府元龜)』의 기사이다. 그런데 그
내용을 살펴보면, 당 조정에서는 김건운, 즉 혜공왕의 사망을
783년의 일로 파악하고 있었음을 알 수 있다. 혜공왕이 쿠데타로
목숨을 잃은 시점은 780년 4월이었다. 그리고 이때 왕위에 오른
선덕왕은 앞서 사료 G-1에서 살핀 바와 같이 782년 윤정월에 이
미 당에 사신을 파견한 바 있었다. 그럼에도 사료 H-1의 기술처
럼 당 조정에서는 혜공왕의 사망을 783년의 일로 알고 있었다는
것은 782년의 사신이 혜공왕의 사망과 선덕왕의 즉위 사실을 당
측에 알리지 않았기 때문일 것이다.[40]

　　전근대 동아시아의 외교는 ‘인신무외교(人臣無外交)’의 원칙하
에 국서(國書)의 교환을 통해서 이루어졌다. 『예기(禮記)』에서 언급
된 ‘인신무외교’란 "남의 신하된 자는 외교를 할 수 없다."는 전
근대 동아시아의 외교적 기본 개념이다. 따라서 당시 사신의 역
할은 국서를 전달하는 것에 한정되어 있었고, 개인이 현지에서
벌이는 모든 정치적 활동은 용납되지 않았다. 설사 있었다 하더

라도 그 내용이 문서화되지 않는 이상 공식적으로 인정되지 않았다. 즉, 전근대 동아시아에서의 외교는 전적으로 외교문서를 통해서만 이루어졌다.[41] 따라서 782년의 신라 사신은 신라에서 출발할 때부터 이미 죽은 혜공왕의 명의로 작성된 표문(表文)을 준비하여 지참하고 입당했다고 판단된다. 이에 당 황제에게는 혜공왕의 명의로 작성된 표문이 전달되었다. 당에서의 모든 외교적 임무를 수행한 뒤에는 귀국하여 선덕왕에게 그 경과를 복명했을 것이다. 이 같은 행위는 사신 개인의 의지나 판단으로 보기 어렵다. 다시 말해, 782년의 사행 당시 쿠데타로 인한 혜공왕의 죽음과 선덕왕 자신의 즉위 사실을 당에 숨긴 주체는 다름아닌 선덕왕으로 보아야 한다.

아마도 선덕왕은 당과의 통교가 필요한 상황에서, 신라의 왕계가 비정상적으로 교체된 사실을 당에서 어떻게 받아들일지 확신이 서지 않았던 듯하다. 이 때문에 782년에 선덕왕은, 이미 사망한 혜공왕을 아직 살아있는 것처럼 꾸며서 그 명의로 국서를 작성해 사신을 파견했다. 그리고 당 측에 쿠데타의 발생과 국왕의 교체 사실을 숨긴 채, 당의 정세를 파악했던 것으로 추정된다. 그런 다음 적절한 시나리오, 즉 사료 H-1에 언급된 바와 같이, 783년에 혜공왕이 죽었는데 아들이 없어 국인들이 상상 김양상을 왕으로 세웠다는 식으로 상황을 정리하여 당 황제에게 공식 보고했다. 이를 보고한 시점은 사료 H-2의 사신 김양공이 입당했던 784년이었다. 그 결과 당 황제는 사료 H-1의 기록처럼 죽은 혜공왕을 조문하고 새롭게 즉위한 선덕왕을 책봉하기 위해서 785년에 맹창원을 조제책입사로 임명하여 신라에 파견했던 것이다.

I-1. 신라왕(新羅王) 김중희(金重熙)에게 칙(勅)한다. 김헌장(金憲章)과
승려 충허(沖虛) 등이 도착하였는데, 표(表)와 진헌(進獻)을 살펴보
니, 공덕(功德)과 진사(陳謝)에 힘쓴 바를 잘 알겠도다.(후략)[42]

I-2. 신라왕 김중희(金重熙)가 죽고 그 재상 김언승(金彦昇)이 즉위
하자 사신을 파견해 이를 고하였다. 조서를 내려 김언승을 개부
의동삼사(開府儀同三司) 검교태위(檢校太尉) 사지절(使持節) 대도독(大都
督) 계림주제군사(雞林州諸軍事) 겸(兼) 지절(持節) 충녕해군사(充寧海軍
使) 상주국(上柱國)으로 삼고 신라국왕으로 책봉하였다. 부인 진씨
(眞氏)는 왕비로 책봉하였다. 인하여 유사(有司)에 명해 법식에 준
하도록 하고, 겸하여 직방원외랑(職方員外郞) 섭어사중승(攝御史中丞)
최연(崔延)을 사신으로 파견하였다.[43]

앞서 사료 G-3에서 살핀 바와 같이 헌덕왕은 즉위 이듬해인
810년(원화 5) 김헌장을 사신으로 당에 보내 금은불상과 불경 등을
바치며 순종을 위해 복을 기원하는 말을 올렸다. 당시 당 헌종은
김헌장의 귀국편에 신라왕에게 보내는 칙서를 작성해 전달하였
는데, 그 문서의 제목은 「칙신라왕김중희서(勅新羅王金重熙書)」이고
현재 그 전문이 『전당문(全唐文)』 장구령편(張九齡篇)에 수록되어 있
다. 그 제목에서 알 수 있듯이 칙서의 수신자는 '신라왕 김중희'
였다. 사료 I-1은 「칙신라왕김중희서」 중 도입부를 제시한 것이
다. 여기서도 칙서의 수신자는 '신라왕 김중희'이고, 이 문서가
810년의 신라 대당 사신 김헌장이 들고 온, 신라왕의 표문에 대

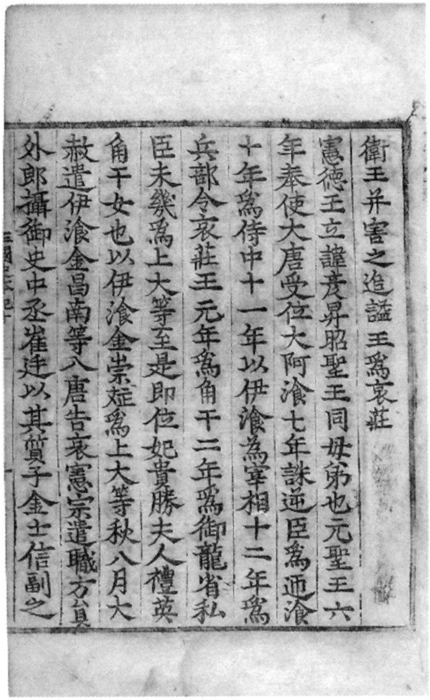
衛王并害之追謚王爲哀莊
憲德王立諱彦昇昭聖王同母弟也元聖王六
年奉使大唐受位大阿飡七年誅逆臣爲迊飡
十年爲侍中十一年以伊飡爲宰相十二年爲
兵部令哀莊王元年爲角干二年爲御龍省私
臣未幾爲上大等至是即位妃貴勝夫人禮英
角干女也以伊飡金崇斌爲上大等秋八月大
赦遣伊飡金昌南等入唐告哀憲宗遣職方員
外郎攝御史中丞崔廷以其質子金士信副之

『삼국사기』 신라본기 헌덕왕

한 답서임이 확인된다.

　김중희는 신라 제40대 애장왕의 이름이다.[44] 「칙신라왕김중희서」가 작성되었던 810년에는 이미 애장왕이 쿠데타로 사망한 상황이었다. 그럼에도 불구하고 810년 당을 방문한 신라 사신 김헌장이 애장왕 명의의 표문을 당 황제에게 전달하였고, 헌종은 애장왕이 사망한 사실도 모른 채 애장왕에게 보내는 답서를 작성해 신라 측에 전달했다.

　사료 I-2는 『책부원귀』 외신부 책봉 원화 7년(812) 7월조의 기록인데, 이에 따르면 이해 신라왕 김중희가 사망하자 재상 김언승이 즉위했다는 사실을 사신 파견을 통해 당에 알려왔다고 한다. 그러자 당 황제는 최정을 책봉사로 신라에 파견하여 김언승을 신라 국왕에 책봉하였다. 즉, 헌덕왕은 애장왕의 죽음을 이때까지 당에 숨겨오다가, 재위 4년 차인 812년에 이르러서야 당 황제에게 애장왕의 죽음과 자신의 즉위 사실을 알리고 책봉을 요청했다.[45]

　공교롭게도 선덕왕과 헌덕왕은 즉위 초 대당 교섭에서 유사한 외교 전략을 반복적으로 구사했다. 다시 말해, 당과의 외교 교섭에서 전왕의 사망과 자신이 즉위 사실을 의도적으로 숨긴 채 상황을 살피다가, 적당한 시기에 적당한 설명으로 상황을 정리하고 당 황제의 책봉을 받아내는 방식이었다. 이는 선덕왕과 헌덕왕 모두 통치의 정당성과 정통성이 결여된 쿠데타 왕권이었기에 취한 외교적 전략으로 판단된다. 즉, 쿠데타 왕권이기 때문에 외부로부터의 통치 정당성을 확보하기 위해서 당과의 우호적 관계가 반드시 요구되었지만, 만약 당에서 쿠데타 자체를 문제 삼으면 왕권에 커다란 부담으로 작용할 것은 자명했다. 이와 같은 처지이기 때문에 선덕왕과 헌덕왕 초기에 나타나는 대당교섭 양상은 국내외 정치·외교적 불확실성을 극복하고 안정성을 도모하기 위해서 쿠데타 왕권이 취한 나름의 편법적인 외교 전략이었다.

이렇게 당 황제로부터의 책봉을 받고 나면 신라의 쿠데타 왕권은 당 조정과의 공식적인 외교 교섭을 더욱 밀도 있게 추진하였다. 예를 들어 원성왕은 즉위와 함께 원성왕 원년인 785년 당의 책봉을 받았는데, 이후 13년 동안 총 5차례에 걸쳐 서로 사신을 주고받았다. 평균 약 2.6년에 1번꼴로 사신을 공식 교환한 셈이다. 헌덕왕의 경우 재위 4년인 812년에 당 헌종의 책봉을 받았고, 이후 14년 동안 1.5년에 1번꼴로 사신을 공식 교환하였다.

교섭 빈도에 있어서도 신라 하대의 쿠데타 왕권과 당의 공식적인 교섭은 주변 다른 국가와의 그것을 압도했다. 이는 신라 하대 쿠데타 왕권들이 모두 외교에 있어서 당과의 관계를 최우선시하는 정도를 넘어서, 당 일변도의 외교 노선을 견지하고 있음을 보여준다. 특히 일본과의 공식적인 교섭 기사가 단 한 건도 확인되지 않는다는 점은 매우 흥미롭다. 신라와 일본의 공식적인 외교관계가 8세기 후반에 단절되었다 하더라도 애장왕 대의 대일 교섭과 같은 사신의 간헐적인 방문은 양국 사서에서 종종 간취된다. 그럼에도 불구하고 신라 하대 쿠데타로 집권한 왕권에는 일본과의 공식적인 교섭이 일절 확인되지 않는다. 이는 신라 하대의 쿠데타 왕권이 당시의 일본을 외교 상대국으로서 중시하지 않았던 결과로 보인다.[46]

IV. 맺는 글

쿠데타는 체제 내 중요 권력을 가진 인물이나 소수 그룹이 갑작스럽고 불법적인 방법으로 정부를 전복하고 권력을 장악하는 정치 행위이다. 신라 하대는 이 같은 쿠데타가 빈번하게 발생했던 시기로, 155년 동안 13차례의 쿠데타가 시도되어 총 4건, 약 30%가 실제 왕위 찬탈에 성공했다. 성공한 쿠데타로는 780년에 일어난 김양상의 쿠데타, 785년에 일어난 김경신의 쿠데타, 809년에 일어난 김언승의 쿠데타, 그리고 838년에 일어난 김명의 쿠데타가 있다. 이들 성공한 쿠데타는 하대 시작 후 약 60년 동안에 집중된 반면, 840년대 이후에 시도된 모든 쿠데타는 실패로 종결되었다. 이는 하대 후반부의 왕들이 쿠데타를 적극적으로 대비한 결과이기도 하지만, 한편으로는 쿠데타보다 지방 정치 세력의 반란, 백성들의 봉기, 새로운 국가 건설 등 다양한 저항 방식이 나타났고, 이는 중앙귀족 중심의 신라 사회가 해체되어 가는 과정과 일치했다.

신라 하대에 쿠데타로 집권한 왕들은 즉위 후 빠른 시간 내로 대외교섭을 시작하였다. 선덕왕, 원성왕, 헌덕왕 등은 모두 즉위 후 2년 이내 당에 사신을 파견했으며, 첫 대외교섭 상대국은 모두 당이었다. 이들의 외교 활동은 쿠데타로 인한 정치적 불안정성을 극복하고 국제적 정당성을 확보하기 위한 노력으로 보인다. 이는 쿠데타로 집권한 왕들이 외교를 통해 정치적 안정과 국제적 위상을 유지하려 했음을 시사한다. 특히, 선덕왕과 헌덕왕은 즉위 초기에 대당 외교 교섭에서 전왕의 사망과 자신의 즉위 사실을 의도적으로 숨기는 비정상적인 외교 전략을 사용하였다. 이는 쿠데타 왕권의 정당성과 정통성 결여로 인한 것으로, 당과의 우호적 관계를 유지하면서 통치 정당성을 확보하고자 한 전략이었다. 즉, 당과의 관계를 통해 외부로부터 통치 정당성을 확보하려는 시도였으나, 쿠데타의 사실이 밝혀질 경우 왕권에 부담이 될 수 있었기 때문에 이러한 편법적 외교 전략을 취한 것으로 해석된다. 신라 하대의 쿠데타 왕권은 당과의 외교 교섭을 우선시하며 밀도 있는 외교적 관계를 유지했다. 원성왕과 헌덕왕은 당 황제의 책봉을 받은 후 지속적으로 사신을 주고받았으며, 이는 신라 하대 쿠데타 왕권들이 당과의 관계를 최우선으로 두었음을 시사한다. 반면, 일본과의 공식 교섭은 확인되지 않는데, 이는 신라가 일본에 대해 별다른 외교적 이점을 찾지 못했음을 의미한다.

"발해의 정변, 새로운 정치 질서를 위한 불꽃을 피우다."

발해 역사의 변혁(變革)

임상선

대구대학교 학술연구교수로 재직 중이다. 저서 및 논문으로 「중국 정사(正史)의 발해 기록 검토」(『역사교육논집』 84, 2023), 「17~18세기 조선의 발해사 저술에 인용된 중국 사료」(『역사와교육』 37, 2023), 『조선의 역사 전문 외교관, 유득공』(동북아역 사재단 교양총서 21, 동북아역사재단, 2021), 『발해사 바로읽기 – 발해사 쟁점과 연 구』(도서출판 동재, 2008) 등이 있다. 이 글은 2022년 대한민국 교육부와 한국연구 재단의 지원을 받아 수행된 연구(NRF-2022S1A5B5A16056388)로서 「발해 역 사 속의 변혁(變革)의 순간들」(『한국고대사탐구』 46)을 수정한 것이다.

발해 역사의 변혁(變革)

임상선(대구대학교 학술연구교수)

I. 시작하는 글

발해사의 기본 자료는 중국 정사인 『구당서(舊唐書)』와 『신당서(新唐書)』 발해전(渤海傳)이고, 일본의 고대 기록에도 발해와 교류한 내용이 있다. 남북국을 이룬 남쪽의 신라에서는 최치원(崔致遠)이 남긴 기록이 있고, 고려 시대에 편찬된 『삼국사기(三國史記)』에는 다른 자료에서 찾아보기 힘든 일부 발해에 관한 내용이 보인다.

남아 있는 자료에 의하면, 발해는 2백여 년 이상 존속되는 시간 속에 격변을 몇 차례 경험했다. 발해 역사의 변화는 발해사의 시기 구분 논의에서 실마리를 찾을 수 있다. 그 기준으로 신라나 일본과의 교섭, 정치발전, 왕계(王系)의 변화 등이 있지만, 주요한 획기(劃期)는 문왕(文王) 사후, 그리고 선왕(宣王) 대인수(大仁秀)의 즉위 시기이다. 문왕 사후의 폐왕(廢王) 대원의(大元義)로부터 강왕(康王) 대숭린(大嵩璘) 즉위에 이르는 시기, 그리고 간왕(簡王) 대명충(大明忠) 사후 대인수 즉위에 이르는 시기에는 부자연스럽게 왕위가 계승되었다. 특히 10대 선왕은 그 출신이 대조영(大祚榮)의 동생 대야발(大野勃)의 4세손이라는 점에서도 알 수 있듯이, 그 이전과 왕계를 달리한다.[1] 발해사에서의 또 다른 중요한 변혁은 천도(遷都)에서 확인할 수 있다. 수도의 이전은 오늘날 현대에서도 국가적으로 가장 중차대한 과제로서 쉽게 결정, 시행할 수 없기 때문이다.

이에 본고에서는 발해사에서 격변의 순간을 천도와 왕위계승에서 찾아보려고 한다. 발해는 다른 나라와 달리 수차에 걸친 수도 이전이 있었고, 15명의 왕이 지위를 이어받았다. 『신·구당서』 발해전을 비롯한 발해 문헌 사료와 고고 발굴을 통하여 새로 발견된 금석문 자료도 참조하여, 발해 역사 속에 변혁적 요소, 즉, 전환기적 요소가 있는지를 살펴보려고 한다.

II. 천도(遷都)를 통해 본 발해국의 변혁

1. 천도와 그 위치

발해의 천도에 대한 기록에 의하면, 구국(舊國), 현주(顯州), 상경(上京) 그리고 동경(東京)이 도성이었음을 알 수 있다. 발해는 건국으로부터 멸망에 이르는 228년간 4번에 걸쳐 5경을 중심으로 수도를 이동하였다. 그런데 천도는 정치, 경제, 문화, 군사 또는 교통상의 중심지인 도읍이 이동하는 것이어서 국가적으로 중대한 사건이 아닐 수 없다. 먼저 '천보중(天寶中)'(742~756)에는 건국지인 '구국'에서 '현주'로 이동하고,[2] '천보말'에는 다시 '상경'으로 수도를 옮겼다. 그리고 '정원(貞元)'(785~793) 때에는 상경을 떠나 동남쪽의 '동경'으로 천도하고, 얼마 뒤 제5대 성왕 대화여의 즉위와 함께 상경으로 돌아왔다.[3] 이후 발해는 926년 나라가 망하기까지 '상경'에 정도하게 된다.

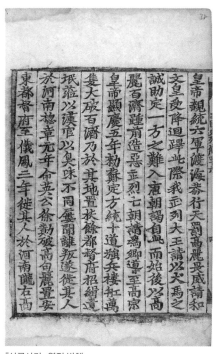

『삼국사기』 열전 발해

발해가 천도한 위치를 살펴보면, 대조영이 발해를 건국한 곳을 『구당서』는 '계루의 옛 땅(桂婁故地)'의 '동모산(東牟山)'[4]이라 하고, 『신당서』는 '읍루의 옛 땅(挹婁故地)'의 '동모산'으로 달리 기록하고 있다. 현재 대조영이 발해를 건국한 동모산이 있던 '구국'은 중국 길림성 돈화현의 육정산(六頂山), 영승유적(永勝遺蹟), 성산자산성(城山子山城) 일대이고, 문왕 대에 옮겨간 현주는 오늘날의 길림성 화룡현 서고성(西古城), 상경은 중국 흑룡강성 영안현 동경성진(東京城鎭)에 있는 고성지(古城址), 동경[5]은 길림성 혼춘시 팔련성(八連城)이라는 데 의견을 같이하고 있다.

이 가운데 건국지가 돈화(敦化)라는 주장은 육정산고분군에서 발해 3대 문왕(文王)의 둘째 공주인 정혜공주(貞惠公主)의 묘지가 발견된 것이 주요 논거였다. 정혜공주묘지문에서 정혜공주묘의 위치가 '진릉(珍陵)의 서원(西原)'이라고 함에 따라, 이 진릉이 대조영 혹은 무왕의 무덤일 가능성이 크다고 보았기 때문이다. 또한 현주가 서고성이라는 견해는 용두산고분군(龍頭山古墳群)에서 1980년대 초 문왕의 넷째 딸인 정효공주(貞孝公主)의 묘지가 발견됨으로써, 인근의 서고성(西古城)이 발해 두 번째 수도인 현주의 소재지로 비정되는 것이다.

그러나 개혁 개방 이후 활발해진 고고학 발굴과 조사에도 불구하고, 돈화 지역에서 8세기 중엽 이른바 '현주'로 천도하기 전까지 발해의 국력에 부합하는 고고학 유지가 발견되지 않았다.[6] 그러던 중 정효공주묘가 발견된 길림성 화룡시 용두산에서 최근 발해의 '황후(皇后)' 묘지가 발견되어 발해 건국지 논쟁은 새로운 단계로 접어들게 되었다.[7] '진릉'을 육정산고분군이 아닌 다른 지역에서 찾기 시작했다.

2000년대 초 용두산고분군에 대한 추가 발굴에서 문왕의 황후라는 효의황후(孝懿皇后)의 능과 7대 간왕의 순목황후(順穆皇后) 능이 발견되었다. 그리하여 발해가 건국된 곳이 돈화(敦化)가 아니라 화룡(和龍) 지역일 가능성이 제기되면서, 천도 논의도 새로운 검토가 필요해졌다. 그리하여 건국의 장소인 동모산 위치에 대한 논란이 본격화되었는데,[8] 그 핵심은 동모산 유적으로 유력하게 부상한 마반촌산성(磨盤村山城)에 대한 검증이다. 마반촌산성은 성자산산성(城子山山城)이라고도 하며, 중국 길림성 연변조선족자치주 도문시(图们市) 장안진(长安镇) 마반촌 남쪽 약 2km에 있으며, 서쪽으로 연길시(延吉市)가 5km 이내이고, 유적의 동·남·북 3면은 포이합통하(布尔哈通河)가 감싸고, 해란하(海蘭河)가 유지의 동남쪽에서 들어와 포이합통하로 들어간다. 성 유적의 중심 좌표는 북위 42°54′59.3, 동경 129°36′59.9, 해발 256m이다. 분장(盆狀)의 독립된 산 위에 산세를 따라 축조되었으며 길이 4549m이다. 성벽 중 현존 최고 높은 곳은 4m 이상이고, 성문(城門)이 7개이다. 유지(遺址)는 일찍이 1940년대에 발견되어, 2006년 중국의 전국중점문물보호단위가 되었다.[9]

최근 발표된 발굴 결과에 의하면, 산성의 7개 성문, 성벽이 조만(早晚) 두 시기에 수축되었음을 확인하고, "Q21의 성벽 바깥 기조(基槽) 내의 목탄(木炭)에 대한 탄소14측정데이터에 근거한 성벽의 처음 건축연대는 656~727년간으로 추단한다. 만기 성벽 내의 목탄 탄소14측정데이터는 기본적으로 1150~1250년간이다." 고 하였다. 또한 "현재의 고고 증거로 볼 때, 산성 중구(中區)의 표

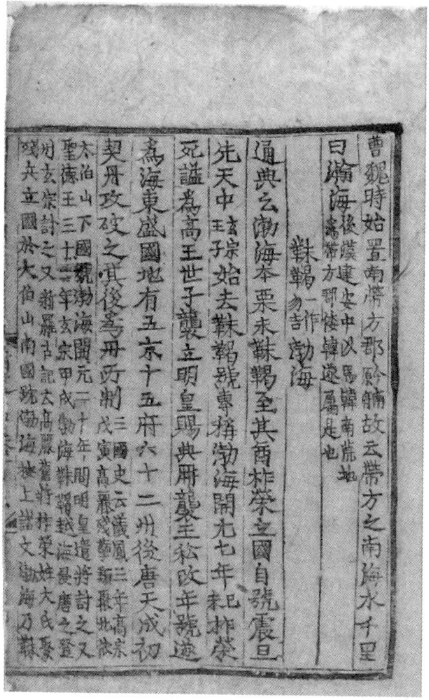
曹魏時始置南帶方郡(今南原府)故云帶方之南海水千里
曰瀚海(後漢建安中以馬韓南荒地為帶方郡倭韓遂屬是也)

靺鞨(一作勿吉)渤海

通典云渤海本粟末靺鞨至其酋祚榮立國自號震旦
先天中(玄宗壬子)始去靺鞨號專稱渤海開元七年(己未)祚榮
死謚為高王世子襲立明皇賜典冊襲王私改年號遂
為海東盛國地有五京十五府六十二州後唐天成初
契丹攻破之其後為丹所制(三國史云儀鳳三年高宗戊寅高麗殘孽類聚北依
太伯山下國號渤海開元二十年間明皇遣將討之又
聖德王三十二年玄宗甲戌渤海靺鞨越海侵唐之登
州玄宗討之又新羅古記云高麗舊將祚榮姓大氏聚
殘兵立國於太伯山南國號渤海按上諸文渤海乃靺

『삼국유사』 기이 말갈·발해

토층에서 출토한 봉조문와당(鳳鳥紋瓦當)과 육정산발해묘군에서 출토한 와당이 매우 유사하고, 산성에서 출토한 승문(繩紋)·망격문(網格紋) 판와(板瓦)는 동북지구에서 6~8세기의 일부 산성과 묘장에서 발견되며, 각화(刻劃) 문자와 부호가 있는 통와(筒瓦)·팔판화문와당(八瓣蓮花紋瓦當)과 환도산성(丸都山城)에서 출토한 같은 종류의 유물에 더욱 가깝다."고 하였다.[10] 2021년 마반촌산성 북구의 조기 유적에 대한 발굴 결과도 산성 동구의 조기 건축군의 사용연대와 마찬가지로 7~8세기 사이라고 발표했다.[11] 요컨대, 마반촌산성의 조기 유지 출토 유물이 고구려 환도산성과 발해 육정산고분의 것과 유사하다며, 그 시기를 6~8세기로 편년하고 있다.

마반촌산성은 일찍이 왕우랑(王禹浪)이 주목한 바 있었다.[12] 그는 대조영이 발해를 건국한 곳은 오늘날 길림성 연변지구의 해란강과 포이합통하 유역의 옛 계루(桂樓)의 땅이고, 길림성 연길시 동남 약 10km 거리에 있는 성자산산성을 동모산(東牟山)으로 비정했다. 동모산에서 '동모(東牟)'는 '동명(東明)', '추모(鄒牟)', '주몽(朱蒙)'과 발음은 같은데 표기가 다를 뿐이다. '홀한수(忽汗水)' 혹은 '홀한해(忽汗海)'라는 명칭은 오늘날의 '포이합통하'를 일컫는 발해 초기의 명칭이다. '해란강'은 발해 사료에 나오는 '오루하(奧婁河)'다. '오루'는 '치구루(置溝婁)', '고구려', '계루'와 발음이 같고 표기가 다른 말이다. 건국한 곳인 성자산산성과 천보(天寶) 기간 수도인 현주 소재지인 서고성 주변 지역이 구국(舊國)이며, 이 경우 발해 수도인 상경이 구국에서 3백리 거리에 있고, 현주에서 6백리 거리에 발해왕성(渤海王城), 상경이 있다는 기록이 모순되지 않는다고 주장하였다.[13]

최근 발해 황후묘지의 내용과 같이 용두산고분에 진릉(珍陵)이 있다면 발해 건국지는 어디일까. 현재 중국 학계는 고고발굴을 통하여 돈화(敦化)가 아닌 연변(延邊) 지역에 주목하고 있음을 알 수 있다.[14]

2. 변혁으로서의 천도

발해 황후 묘지문의 진릉이 용두산고분의 '진릉대(珍陵臺)'(후술)라면, 발해의 천도도 새롭게 정리될 필요가 생긴다. 발해의 건국지와 수도는 대략 중국 길림성 연변조선족자치주 지역과 흑룡강성 영안 일대가 된다. 발해의 수도는 건국지(연변 지역) → 현주(연변 지역) → 상경(영안 지역) → 동경(연변 지역) → 상경(영안 지역)으로 이동하였다. 건국지와 현주, 그리고 동경은 오늘날 넓은 의미에서 길림성 연변조선족자치주 지역이다. 현주(서고성, 길림성 화룡)는 두만강 북쪽이고, 동경(팔련성, 길림성 훈춘(琿春))은 두만강 동쪽이며, 건국지도 현주와 동경 주변일 것이다. 이 중 훈춘 지역은 발해 이전 고구려의 책성(柵城)이 있던 곳이었다. 현주와 훈춘에 이르는 지역은 바로 고구려의 옛 땅이다.

효의황후와 순목황후의 묘지에서 용두산고분군 일대가 진릉임이 밝혀졌고, 그로 인하여 발해의 수도 논의에도 재검토가 필요해졌다. 연길 부근에 있는 마반촌산성이 발해 건국지로 등장하는 동모산으로 비정되면서, 대조영이 발해를 건국한 곳의 범위는 대략 길림성 화룡을 비롯하여 오늘날 연변조선족자치주 지역(특히 화룡, 연길, 훈춘)이 된다. 종래 돈화 건국지설에 따라 돈화 → 화룡 → 영안 → 훈춘 → 영안 지역이 천도의 방향이며 지역이었고, 이에 근거한 천도 논의가 있었다. 만약 건국지에서 돈화가 빠지고 화룡·연길·훈춘 지역이라면 넓게 보아 천도는 화룡·연길·훈춘 → 화룡 → 영안 → 훈춘으로 전개된 것이다. 화룡·연길·훈춘은 고구려 책성의 땅이며, 발해에서는 동경용원부(東京龍原府)가 있던 곳이다.

『요사(遼史)』에서는 이곳이 바로 고구려의 땅이며, 발해 동경용원부가 고구려의 주현(州縣)을 이어받았다고 하였다. 즉, 발해 동경용원부가 있던 곳이 본래 예맥의 땅이고 동시에 책성이 있는 곳이며, 고려, 즉 고구려의 경주와 용원현이 있던 곳임을 알 수 있다. 경주와 용원현은 고구려와 발해가 공통으로 사용한 주·현의 명칭이라고 하였다.[15] 적어도 용원부가 있던 곳은 고구려의 영역임이 분명하다. 현재 학계에서는 발해 동경용원부의 치소를 중국 길림성 훈춘시의 팔련성(八連城)으로 비정하는 데에 이론이 없다. 또한 『삼국사기』에 인용된 가탐의 고금군국지에서 발해국 남해부, 압록부, 부여부, 책성부는 모두 고구려의 옛 땅이라고 한 것[16]도 발해의 핵심 지역이 바로 고구려 땅이라는 의미이다.

이상의 논의에 따른다면, 발해의 건국지, 현주, 동경이 두만강 인근의 고구려 옛 땅에 위치한다. 발해의 천도는 상경을 제외하고는 고구려 땅에서의 이동이 되는 것이다. 상경으로의 천도에서 언급된 '구국'이 바로 고구려 지역에서의 발해일 것이고, 옮겨간 '신국(新國)'은 상경에서의 새로운 발해라 할 수 있다. 이렇게 본다면, 발해사의 기본 자료인 『구당서』와 『신당서』 발해전의 내용도 전자가 구국 시기의 발해가 중심이 된 내용이고, 후자가 상경 시기의 발해의 역사를 담고 있다고 할 수 있다.

발해의 수도 이전 중 상경으로의 천도와 환도의 배경에는 차이가 있다. 천보 말 최초의 상경으로의 천도가 안녹산(安祿山)의 난(亂)이라는 급박한 국내외 정세하에서 이루어졌다면,[17] 동경에서 상경으로의 두 번째 천도는 '옛 나라(舊國)'를 벗어났다는 점에서 발해의 변혁적인 행위임에 분명하다.

III. 왕위계승을 통해 본 발해국의 변혁

발해 최상층의 정치세력은 왕을 정점으로 한 왕실이다. 그 왕위계승은 단순한 왕의 사망과 즉위라는 일련의 시간적 흐름이 아니라, 당시 발해 국가의 가장 절박한 현안으로서 발해 왕권의 구조와 특징을 살필 수 있는 주제이다. 발해 왕계에서 변혁적 사건은 문왕 사후에 발생하였다.

1. 대원의(大元義) 즉위

문왕에 이어 즉위한 대원의는 793년 1년을 못 채우고 폐위되었다. 793년 3월에 제3대 문왕이 사망[18]한 뒤, 그의 아들인 굉림(宏臨)이 일찍 사망하였으므로 문왕의 족제(族弟)로서 대원의가 즉위하였으나 그해에 국인(國人)에게 피살되었다.[19] 대원의가 문왕에 이어 즉위한 배경으로서는 다음의 몇 가지 경우를 상정할 수 있다.

첫 번째는 굉림의 아들로서 왕위계승자였던 대화여의 나이가 어렸기 때문이다. 굉림의 누나인 정효공주(貞孝公主)가 36세에 사망했으므로, 굉림은 대략 30~35세 전후에 사망하였을 것이며,

그 아들인 화여는 793년경 10세 내외였을 것이다. 굉림의 사망 뒤 곧이어 문왕이 사망함으로써 시기상으로 보아도 굉림에 이어 동궁(東宮)으로도 책봉되지 않아 공식적인 왕위계승자가 결정되지 않은 시기였다.[20] 발해의 왕위계승이 적장자 계승이 원칙이라는 점에서 대원의의 즉위는 비정상적이다. 그런 점에서 정변(政變)의 결과라 할 수 있다.[21]

둘째, 대원의는 '족제' 신분이었다. 『신당서』 발해전의 발해 왕위 기술은 혈연을 중심으로 하고 있다. 문왕의 '자' 다음의 계 승자로 '손(孫)'인 화여가 있었지만 대원의는 '족제'라는 신분으로 즉위한 것이다. 대원의는 '손'보다는 '족제'가 계승에 우선한다고 주장하였을 것으로 짐작된다. 발해의 왕위는 적자 계승이 원칙이 지만, 적손과 형제가 있을 경우는 후자가 때로 계승자임을 자임 하기도 하였던 것으로 보인다. 그러나 대원의가 폐위된 이유는 '족제'라는 신분 때문이 아니라 의심이 많고 잔인한(猜虐) 행동 때 문이었다. 여기서도 대원의가 족제로서 즉위한 것에 대하여 거부 의 분위기가 약했던 것을 알 수 있다.

셋째, 발해의 지배구조 속에서 대원의가 차지하고 있던 위치 도 즉위 배경이 되었을 것이다. 무왕 때의 대문예와 임아, 그리고 후대의 대건황과 같이 대원의도 발해 왕실의 근친으로서 문왕 때 에 국정에 참여하고 있었을 것이다. 문왕 사후 굉림의 아들인 화 여를 옹립하려는 세력인 '국인'과 이들과 경쟁관계에 있던 문왕 의 아들이나 방계 형제 사이의 싸움에서 후자가 승리하고, 이 세 력 중에서 최종적으로 왕위를 계승한 인물이 바로 대원의가 아닐 까 생각된다.[22]

그러나 대원의가 정당한 왕위계승을 하지 않음으로 인하여 적지 않은 반발이 있었다. 발해의 왕위계승이 굉림과 화여에 대한 『신당서』의 기록이 '적장자' 계승을 암시하는 것이라면 '족제'인 대원의의 즉위는 아무래도 부자연스럽다. 왕위를 계승할 인물로서는 첫째 후보인 대화여와 둘째 후보인 대숭린이 존재하는 상황에서 문왕의 직계가 아닌 대원의의 집권은 발해 내부에서 적지 않은 반대를 누르고 이루어졌다. 대원의가 정상적인 왕위계승을 거치지 않고 '찬탈'함으로써 당시 주도적인 지배세력인 국인의 반발을 초래하여 살해되었을 것이다.

성왕 대화여는 국인에 의해 대원의가 '시학'하다는 이유로 제거된 뒤 793년 왕으로 추대되었으며, 즉위 후 곧 중흥으로 개원하면서 당시의 수도였던 동경을 떠나 이전의 수도였던 상경으로 다시 돌아갔다. 성왕의 즉위는 문왕 사후 발해 왕실 안에서 벌어진 대원의와의 왕권쟁탈에서 승리한 결과로서, 그 지지세력은 국인층이었다. 793년 성왕이 상경으로 천도한 것은 왕권투쟁에서 승리한 화여가 왕권을 강화하고 새로운 기풍을 조성하기 위한 것이 중요한 요인이었다.[23]

2. 대숭린(大嵩璘, 康王) 즉위

성왕에 이어 즉위한 인물이 문왕의 손자인 대숭린이었다. 대숭린에 대해서는 문왕의 아들이라는 기록이 『구당서』, 『신당서』, 『자치통감(資治通鑑)』에 나오고, 『유취국사(類聚國史)』에는 손자라는 기록이 있는데,[24] 후자일 가능성이 크다. 대원의가 '족제'로서 즉위한 것은 '굉림' 이외에 다른 '자(子)'가 없기 때문이었을 것으로 짐작되기 때문이다. 또한 대조영의 동생인 대야발의 4세손이라는 대인수가 숭린의 아들인 간왕(簡王)의 종부(從父)라고 하는 『신당서』 발해전의 기록도 숭린이 문왕의 손자라는 『유취국사』의 기록에 부합한다.

강왕 대숭린이 문왕의 손자이지만 굉림이나 화여의 직계는 아닌 것 같다. 굉림이나 화여와의 관계가 아닌 바로 문왕과의 관계만을 언급하는 데서 이를 엿볼 수 있다. 또한 문왕의 손자로서 화여와 마찬가지로 나이가 어린 점에서 '소자(少子)'라는 표현이 등장한 것으로 생각된다. 강왕의 즉위에는 비정상적 요소가 나타난다.

첫째, 대숭린이 왕위에 오르기 전에 적지 않은 곤란을 겪었다는 사실이다. 강왕이 즉위 전 발해 내부에 적지 않은 내분이 존재하였고, 이러한 가운데 강왕이 '구차히 연명(延命)'[25] 할 정도로 어려운 상태에 있었다.[26] 강왕이 처했던 어려움은 바로 문왕 사후 대원의와 화여의 즉위 과정에서 발생한 왕위쟁탈전을 가리킬 것이다. 강왕이 즉위 후 '관료들이 의(義)에 감복하여 뜻을 억제하고 감정을 눌렀다.'는 것이 새로 즉위하는 대숭린의 겸사라는 해석도 있지만,[27] 그보다는 화여의 즉위로부터 대숭린의 즉위에 이르는 과정이 왕족과 관료들이 참여한 대규모 다툼을 반영하는 기록이라고 여겨진다. 특히 강왕이 '구차히 연명'하였다는 점에서 강왕의 경우는 다행히 화를 면할 수 있었지만, 다수의 왕족이나 관료들의 희생이 있었을 것으로 추정된다.

두 번째, 대숭린은 이전의 문왕이 갖고 있던 책봉호를 즉위 때가 아닌, 당나라에 요청하고서야 겨우 받고 있다. 정원 11년

(795) 2월 발해군왕을 받고 3년 뒤에야 은청광록대부 검교사공을 더하고 발해국왕으로 책봉받은 것이다. 이렇게 문왕에 비해 강왕이 한 등급 낮게 책봉된 것은 발해의 내분 상황과 무관치 않을 것이다.[28] 그러므로 대숭린의 즉위는 당시 정변에서의 승리일 가능성을 배제할 수 없다. 현재의 기록을 참조한다면, 대숭린의 즉위 배경은 국인 세력일 것이다. 나아가 대숭린은 국인 세력의 주도적 인물일 가능성이 높다.[29]

셋째, 대숭린이 비정상적인 상황에서 즉위하였지만, 문왕계(文王系)와 대립적이지는 않았다. 이는 고고 발굴을 통하여 알 수 있다. 화룡 용두산고분군에서 2004년부터 2005년까지 14기의 발해 왕릉급 고분을 발굴한 결과, 3대 문왕의 황후인 효의황후와 7대 간왕의 황후인 순목황후의 묘지의 존재가 알려졌다. 그러나 현재까지 묘지문의 일부만이 공개되었다.[30]

순목황후묘지문은 전체 141자인데, 그중 29자가 1차로 공개되고, 2차로 16자가 새로이 공개되며, 총 45자를 확인할 수 있게 되었다. 효의황후묘지문은 1차에서는 '효의황후' 4자, 그리고 2차에서는 원문은 "진릉대(珍陵台)" 3자이고, 나머지 내용은 원문 표시를 하지 않았으나, 황후의 성인 "한(韓)", 그리고 사망과 매장 연월은 원문일 것으로 짐작된다. "진릉대"가 용두산고분군 중 가장 높은 Ⅴ호 대지이며, M1~M3, M11, M12가 발견된 곳이라면[31], 순목황후의 안장을 전하는 "천안□릉(遷安□陵)"의 '□릉'은 바로 '진릉(珍陵)'일 것으로 짐작된다.

묘지	출토	재질 및 형상	비문 구성	출처 공개 내용
순목황후묘지 (順穆皇后墓志)	M3 내	홍갈색 砂岩. 정면은 圭形에 가깝고, 상단 양쪽은 圓弧 형태, 폭 34.5·전체 높이 55·두께 13cm	세로 9행, 모두 141자, 2자 탈락 외 모두 판독 가능, 序 6행, 銘 2행	"渤海國順穆皇后" "簡王皇后泰氏也" "建興十二年七月十五日遷安□陵 禮也"	吉林省文物考古研究所·延边朝鮮族自治州文物管理委員会办公室, 38쪽
				"□□二年四月廿四日崩殂于鮮卑不易山原" "建興十二年七月十五日遷安□陵"	張福有, 163쪽
효의황후묘지 (孝懿皇后墓志)	M12			"孝懿皇后"	吉林省文物考古研究所·延边朝鮮族自治州文物管理委員会办公室, 38쪽.
				"珍陵台" 文王妃(孝懿皇后)韓氏, 時在寶曆二年□月五日, 同年十月廿四日葬于珍陵台	張福有, 162~163쪽

*비고: 표의 비문 공개 내용 중 큰따옴표(" ") 부분은 묘지 원문으로 추정되는 글자

　　용두산고분의 진릉(대)에 2명의 황후가 묻히고, 이들이 문왕과 간왕의 황후라는 사실은 발해 역사를 이해하는 데 중요한 시사점을 준다. 그중 본고의 내용과 관련시켜본다면, 대숭린이 문왕의 직계와 대척적인 관계가 아니라는 것을 알 수 있다. 대숭린의 아들인 간왕의 황후가 문왕의 황후·정효공주 무덤이 있는 '진릉대'라는 공동의 공간에, 그것도 지근거리에 묻혀 있다는 것은 이들이 서로 혈연적으로 밀접하고 친근한 관계임을 드러내는 것이기 때문이다. 대숭린의 즉위가 비정상적인 과정을 거쳤지만,

그 세력은 문왕과 성왕을 지지하는 집단, 즉 국인 세력임을 다시 한번 확인할 수 있다. 강왕 대숭린은 왕위에 올라 비교적 빠른 시기에 문왕 사후 발생한 혼란을 극복하며 안정을 회복하였다. '정력(正曆)'이라는 연호는 바로 이러한 당시의 정세를 반영하는 것으로 볼 수 있겠다.

3. 대인수(大仁秀, 宣王) 즉위

대인수의 즉위는 왕계의 변화를 가져왔다는 점에서 발해 역사 속에서 가장 중요한 변혁의 순간이다. 『신당서』 발해전에는 간왕이 1년 만에 죽고 '종부'인 인수(仁秀)가 즉위했다고 한다.[32] 대인수가 정변적 행위를 통하여 발해 왕위에 오를 수 있었던 요인은 무엇일까.

첫째, 대인수는 혈연상으로는 대조영의 동생인 대야발의 4세손으로서 간왕의 '종부'였다. 그러나 전임 왕인 간왕과 대략 11촌에 가까운 혈연적 관계는 대인수의 즉위에 그다지 영향을 주지 않았을 것이다.

둘째, 『구당서』 발해전에서 원화 13년(818) 5월 당으로부터 발해국왕으로 책봉 받을 때의 신분이 '지국무(知國務)'였다는 사실이 주목된다. 간왕 사망 후 대인수가 발해 국정을 총괄하고 있었다는 의미이다. 현재의 기록에는 대인수가 '지국무'한 것이 간왕 당시부터의 국정 담당 역할에서 비롯된 것인지, 아니면 사후인지는 알 수 없다. 간왕 사망 당시 혈연적으로 '종부'보다 근친의 인물이 있었는지는 불명이지만, 혈연적 요소보다 '지국무'였던 것이즉위에서 중요한 사항이었던 것으로 생각된다.

셋째, 간왕과 황후의 죽음이 예측이 어려운 상황에서 발생했다는 점이다. 이와 관련하여 최근 소개된 발해 간왕비의 묘지문의 내용이 관심을 끈다. 앞의 〈발해 순목황후와 효의황후 묘지〉표에 의하면, 순목황후는 태씨(泰氏)인데, "□□이년사월廿사일붕운우선비불역산원(□□二年四月廿四日崩殂于鮮卑不易山原)"하고, "건흥십이년칠월십오일천안□릉(建興十二年七月十五日遷安□陵)"하였다. 사망할 때의 연월 앞의 연호로 짐작되는 "□□"은 선왕이나 그 이전 간왕의 연호 중 하나일 것이다. 선왕의 '건흥(建興)'이라는 연호를 사용하였다면 뒤의 천장(遷葬)에서는 중복을 피하기 위해 '건흥' 연호를 사용하지 않아야 하지만, 순목황후 비문에서는 그렇지 않다.[33] 그러므로 "□□"은 간왕의 연호인 '태시(太始)'일 것이다. 순목황후는 태시 2년, 즉 819년 4월 24일 선비의 불역산원에서 운명하고, 그로부터 10여년 뒤에 진릉(대)로 옮겨진 것이다.

그렇다면 순목황후[34]는 남편인 간왕과 거의 같은 시기에 사망한 것이 된다. 사망한 장소가 발해가 아닌 선비(鮮卑) 지역인 것도 의아스러운 점이다. 사망 후 처음 매장된 '불이산원(不易山原)'이 어디인지는 불명이지만, 선대 발해 왕이 잠든 '진릉대'에는 다른 인물이 대략 5개월 내외에 묻히는 것과 달리 10여년 이후에야 옮겨올 수 있었다.[35] 순목황후의 출신이 선비족(鮮卑族)일 가능성과 혹은 불상의 이유로 이곳으로 갔다가 불의의 사고로 사망했을 수도 있다는 추정을 할 뿐이다. 어쨌든 간왕이 즉위 후 1년 남짓 기간에 사망하고, 그 황후도 선비 지역에서 비슷한 시기에 운명하였다. 이러한 상황에서 등장한 것이 바로 대인수이다.

대인수의 즉위는 종래 발해 왕위가 대조영계로 이어오던 것에서 대야발계로의 변화를 가져왔다는 점에서 발해 역사의 변곡점이 되기에 충분하다.[36] 대인수는 대조영 적계 자손을 포함한 모든 상대와의 싸움에서 승리한 결과 즉위하게 되었을 것이다.[37] 다시 말하면, 대인수의 즉위도 정변의 성격이 농후하다.[38]

선왕이 즉위 후 연호를 '건흥'이라 고친 것에서 새로운 부흥의 의지를 엿볼 수 있다. 발해는 이제 옛 나라(舊國)가 아니라 새로운 나라(新國)라는 인식도 가졌을 것으로 보인다. 『신당서』 발해전에서 발해 상경으로의 천도를 설명하며, 상경의 위치가 "구국"으로부터 3백리, 홀한하의 동쪽이라 한 것은 상경에서의 발해가 '신국'이라는 의미도 내포된 것으로 생각된다. 그 시기는 전후 사정으로 미루어 아마도 대인수의 즉위 이후일 가능성이 높다. 상경으로의 천도가 이루어진 천보 말부터 신국이었을 수도 있지만, 이때는 안록산의 난이라는 급박한 상황에서 이루어진 천도였기 때문에 '신국'이라는 혁신적 요소를 갖추기는 어려웠을 것이다. 혹은 문왕 사후 성왕이 즉위와 함께 상경으로 환도하였을 때부터 신국이라 자위하였을 수도 있다. 그렇지만 『신당서』 발해전의 내용이 장건장(張建章)의 발해국기(渤海國記)를 바탕으로 한 점을 고려하면[39], 상경의 위치를 '구국'과 대비하여 설명한 것은 장건장이 방문한 시기 전후일 가능성이 높다.[40]

대인수의 '신국' 발해에 대하여 『신당서』 발해전에서는 대인수 대에 바다 북쪽의 여러 부를 토벌하고 대규모 영토 개척에 공이 있었다고 평하였다. 또한 『요사』 지리지에서 대인수가 당 원화(806~820) 중에 "남정신라(南定新羅)"라 하였으니[41], 신라까지도 공략한 것을 알 수 있다. 원화 기간은 대인수의 즉위 초에 해당되므로, 이 시기에 영토 확장에 주력한 것으로 짐작된다.

선왕은 즉위와 함께 곧이어 818년 5월에 당으로부터 은청광록대부 검교비서감도독 발해국왕으로 책봉받고, 820년에는 다시 금자광록대부 검교사공이 되었고, 주변 민족을 토벌하여 크게 영토를 넓히는 등 강왕 이후 침체된 발해의 국세를 회복하였다.

IV. 맺는글

발해의 천도는 그 국가의 정치, 경제, 문화 또는 군사상의 중심지 이동을 수반한다. 당시 발해에게 있어서는 가장 중대한 사건이 아닐 수 없다. 2000년대 초 용두산고분에서 2명의 발해 황후의 릉이 발굴되며, 발해의 건국지와 수도는 대략 중국 길림성 연변조선족자치주와 흑룡강성 영안 일대로 좁혀졌다. 상경으로의 천도에서 언급된 '구국'이 바로 고구려 지역에서의 발해일 것이고, 옮겨간 '신국'은 상경에서의 새로운 발해라 할 수 있다. 동경에서 상경으로의 천도는 '옛 나라(구국)'를 벗어났다는 점에서 발해 역사에서 변혁적인 행위임에 분명하다.

발해 왕위계승에서 변혁적 사건은 문왕 사후, 대원의, 강왕 대숭린, 그리고 선왕 대인수 즉위 과정에서 발생하였다. 대원의는 왕위계승 후보였던 대화여의 나이가 어렸던 점, 대원의가 '족제' 신분인 점, 그리고 차지하고 있던 위치도 즉위 배경이 되었을 것이다. 대숭린의 즉위에 보이는 정변적 요소로는 왕위에 오르기 전에 적지 않은 곤란을 겪었고, 대숭린이 문왕이 갖고 있던 책봉 칭호를 당나라에 요청하고서야 겨우 받은 데서 엿볼 수 있다. 대숭린의 아들인 간왕의 황후가 문왕 황후와 함께 정효공주 무덤이 있는 '진릉대'라는 공동의 공간에, 그것도 지근 거리에 묻혀 있다는 것은 이들이 서로 혈연적으로 밀접하고 친근한 관계임을 드러낸다.

선왕 대인수의 즉위는 대조영계가 대야발계로의 왕계의 변화를 가져왔다는 점에서 발해 역사 속에서 가장 중요한 변혁의 순간이다. 대인수의 즉위 배경에 '종부'라는 신분은 그다지 영향을 주지 않았고, 대인수가 간왕 사망 후 발해 국정을 총괄하고 간왕과 황후의 죽음이 발생하는 등 혼란스러운 상황이었다는 점이 영향을 주었을 것이다. 대인수는 옛 구국이 아니라 새로운 신국인 발해를 '건흥'한다는 의지를 피력하였다.

위만의 정변 과정과 위만조선 건국

1   滿王은 '衛滿'이라는 이름으로 알려졌으나 당대 기록인 『史記』에서는 滿王의
    성씨를 기록하지 않았다. 만왕의 성씨는 후대 문헌인 『潛夫論』, 『魏略』, 『三
    國志』 단계에야 '魏' 혹은 '衛'라고 전하게 되었다. 따라서 '위'라는 성은 후대
    에 만왕을 중국계로 단정하여 동북지역에서 흔한 중국계 성씨를 붙인 것으로
    이해하는 견해가 설득력이 있다(서영수, 「衛滿朝鮮의 形成過程과 國家的 性
    格」 『한국고대사연구』 9, 1996, 91쪽). 이에 '위만'이나 '위만조선'은 적절한
    표현이 아니지만 본고에서는 혼란을 피하기 위해 그대로 위만이라 하기로 한
    다.

2   今西龍, 「大同江南の古墳と樂浪王氏との關係」 『東洋學報』 2-1, 1912 ; 今
    西龍, 「朝鮮史槪說」 『朝鮮史の栞』, 近澤書店, 1935.

3   藤田亮策·梅原末治, 『朝鮮古文化綜鑑』 1, 養德社, 1947, 29쪽 ; 三上次男,
    『古代東北アジア史研究』, 吉川弘文館, 1966, 3~20쪽 ; 田村晃一, 『樂浪と
    高句麗の考古學』, 同成社, 2001, 59~77쪽.

4   오영찬, 「기원전 2세기대 서북한 고고 자료와 위만조선」 『한국고대사연구』
    76, 2014, 103~108쪽.

5   苗威, 『古朝鮮研究』, 香港亞洲出版社, 2006, 194~215쪽 ; 苗威, 『衛氏朝鮮
    史』, 中國社會科學出版社, 2019, 9~26쪽.

6   리지린, 「진개와 위만」 『력사과학』 5, 1962, 102~104쪽 ; 박시형, 「만조선왕
    조에관하여」 『력사과학』 3, 1963, 1~5쪽 ; 전대준·최인철, 『조선단대사(고조
    선사)』, 과학백과사전출판사, 2010, 54~56쪽.

7   이병도, 『韓國古代史研究(修訂版)』, 博英社, 1985, 76~82쪽 ; 서영수, 앞의
    논문, 1996, 92~97쪽.

8   김한규, 「衛滿朝鮮關係中國側史料再檢討」 『釜山女大論文集』 8, 1980.

9   『我邦疆域考』 卷1 朝鮮考, "漢書遼東郡屬縣 有文縣 有番汗縣 後漢書遼東

郡屬城 有汶縣番汗縣 滿潘汗者 汶番汗也"

10 서영수, 「고조선의 위치와 강역」『한국사 시민강좌』2, 1988, 40~50쪽.

11 이후석, 「고고자료를 통해 본 만번한」『동북아역사논총』57, 2017 ; 배현준, 「春秋戰國시기 燕文化의 중국동북지역 확산 및 토착집단과의 관계」『韓國古代史研究』87, 2017 ; 이청규, 「중국동북지역의 고조선문화」『동북아시아 고고학 개설』I (선·원사시대 편), 동북아역사재단, 2020, 435~436쪽.

12 『史記』卷6, 秦始皇本紀 第6 ; 『史記』卷86, 刺客列傳 第26.

13 『史記』卷130, 太史公自序 第70, "燕丹散亂遼間 滿收其亡民 厥取海東 以集眞番葆塞爲外臣"

14 박시형, 앞의 논문, 1963, 1~5쪽 ; 이병도, 앞의 책, 1985. 78~82쪽 ; 서영수, 앞의 논문, 1996, 94~97쪽.

15 서영수, 앞의 논문, 1996, 95~97쪽.

16 三上次男, 앞의 책, 1966, 5쪽 ; 송호정, 『한국고대사속의 고조선사』, 푸른역사, 2003, 389쪽.

17 서영수, 앞의 논문, 1996, 91~97쪽.

18 『三國志』卷30, 魏書 烏丸鮮卑東夷傳 第30, 韓傳 所引『魏略』, "魏略曰朝鮮侯亦自稱爲王 欲興兵逆擊燕以尊周室"

19 김한규, 앞의 논문, 1980, 133쪽.

20 조원진, 「위만조선의 대외관계에 대한 검토 -朝·漢 전쟁 이전을 중심으로-」『백산학보』109, 2017, 65쪽.

21 이병도, 앞의 책, 1985, 80쪽 ; 박선희, 「복식과 정치체제의 비교로 본 고조선·위만조선·서한제국」『고조선단군학』30, 2014, 80쪽.

22 강인욱, 「상투를 튼 고조선 사람들」『테라 인코그니타』, 창비, 2021, 149~153쪽.

23 강인욱, 앞의 논문, 2021, 151쪽.

24 김남중, 「위만조선의 성립과 발전 과정 연구」, 서강대 박사학위논문, 2014a, 37쪽.

25 『鹽鐵論』卷8, 誅秦 第44, "秦旣幷天下 東絶沛水 並滅朝鮮"

26 『史記』卷115, 朝鮮列傳 第55, "秦滅燕 屬遼東外徼"

27 『三國志』卷30, 魏書 烏丸鮮卑東夷傳 第30, 韓傳 所引『魏略』, "及秦幷天下 使蒙恬 築長城 到遼東 時朝鮮王否立 畏秦襲之 略服屬秦 不肯朝會"

2   조원진, 「고조선과 秦나라의 대외관계 연구」『사학연구』129, 2018, 221~224쪽.

29 『漢書』卷1上, 高帝紀 第1上, "北貉燕人來致梟騎助漢"

30 김남중, 「위만의 출신 종족에 대한 재고」『선사와 고대』42, 2014b, 23~24쪽.

31 국립문화재연구소, 「위원 용연동유적」『韓·中 鐵器資料集Ⅲ : 한반도 북부지역의 초기철기』, 2012, 29~32쪽.

32 배현준, 「한반도 서북부 초기철기문화출현 과정의 一面」『한국고대사탐구』44, 2023, 187~212쪽.

33 『鹽鐵論』卷7, 備胡 第38, "大夫曰 往者 四夷俱强 並爲寇虐 朝鮮踰徼 劫燕之東地"

34 서영수, 앞의 논문, 1996, 103쪽.

35 서영수, 앞의 논문, 1996 ; 김남중, 「衛滿朝鮮의 領域과 王儉城」『韓國古代史硏究』22, 2001 ; 박준형, 「기원전 3~2세기 고조선의 중심지와 서계의 변화」『사학연구』108, 2012 ; 오현수, 「고조선 예맥교섭망의 변동 양상 연구 - 『염철론』'조선' 기사의 분석을 중심으로」『국학연구』22, 2013 ; 조원진, 앞의 논문, 2017.

36 『前漢紀』孝武皇帝紀 卷第14, "漢興以爲其遠難守 故遼水爲塞"

37 『後漢書』卷85, 東夷列傳 第75, "陳涉起兵 天下崩潰 燕人衛滿避地朝鮮 因王其國 百有餘歲 武帝滅之 於是東夷始通上京"

38 기수연, 앞의 논문, 2005, 127~128쪽; 전대준·최인철, 앞의 책, 2010, 56쪽.

39 『史記』卷93, 韓信盧綰列傳 第33.

40 『史記』卷8, 高祖本紀 第8.

41 전대준·최인철, 앞의 책, 2010, 58쪽.

42 荊木計男, 「衛滿朝鮮王冊封について--前漢帝國遼東郡からのアプローチ」 『朝鮮学報』115, 1985, 17~20쪽.

43 박준형, 『고조선사의 전개』, 서경문화사, 2014, 218~221쪽.

44 김남중, 앞의 논문, 2014a, 45쪽.

45 김남중, 「衛滿朝鮮의 王權과 地方統治體制」 『한국고대사연구』 33, 2004, 146쪽.

46 김남중, 앞의 논문, 2004, 146~147쪽.

47 『三國志』卷30, 魏書 烏丸鮮卑東夷傳 第30, 韓傳 所引『魏略』, "魏略曰 其子及親留在國者 因冒姓韓氏 準王海中 不與朝鮮相往來"

48 조원진, 「단군신화의 구조 연구 -시대별 변천을 중심으로-」 『인문학연구』 28, 2015, 118쪽.

49 선석열, 「일인 관학자들의 단군신화의 불가조작설과 그 비판」 『한일관계사연구』 76, 2022, 199~200쪽.

50 조원진, 「고조선 중심지의 변천을 바라보는 최근 시각」 『선사와 고대』 72, 2023, 124쪽.

51 김남중, 앞의 논문, 2014b, 16쪽.

52 이청규, 앞의 논문, 2020, 437쪽.

53 박선미, 「고고학 자료로 본 위만조선의 문화 성격   평양 일대의 고분을 중심으로   」 『동양학』 53, 2013, 269~272쪽.

고구려사에 보이는 '정변(政變)'과 역사적 의미

1 『三國史記』卷13, 高句麗本紀, 始祖 東明聖王 元年.

2 『三國史記』卷23, 百濟本紀, 始祖 溫祚王.

3 『三國志』魏書 30, 高句麗.

4   이병도, 『한국고대사연구』, 박영사, 1987, 359~360쪽. 이밖에 유리왕·대무
    신왕·태조왕대를 왕권교체 시기로 주목하거나 교체를 부정하는 견해도 있다.

5   「廣開土王碑」에서는 '천제의 아들이자 어머니는 하백의 따님'임을 강조했다.

6   『三國史記』卷13, 高句麗本紀, 瑠璃明王.

7   『三國史記』卷23, 百濟本紀, 始祖 溫祚王.

8   「廣開土王碑」에도 鄒牟王의 世子로 나온다.

9   『三國史記』卷14, 高句麗本紀, 閔中王 元年.

10 『三國遺事』卷1, 王曆 第1, "第四 閔中王 名邑朱 姓海氏 大虎之子"

11 『魏書』卷100, 高句麗.

12 『三國遺事』卷1, 王曆 第1, "第五 慕本王 閔中之兄"

13 이기백, 『韓國古代政治社會史研究』, 일조각, 1996, 78~79쪽.

14 이도학, 「高句麗의 內紛과 內戰」『고구려연구』 24, 2006, 10~11쪽.

15 여호규, 『고구려 초기 정치사 연구』, 신서원, 2014, 251쪽.

16 『三國史記』卷14, 高句麗本紀, 慕本王 6年.

17 『三國史記』卷15, 高句麗本紀, 太祖大王 元年.

18 『三國史記』卷15, 高句麗本紀, 太祖大王 80年.

19 『魏書』 고구려전에는 '宮(태조왕)이 태어나면서부터 눈을 뜨고 보자 國人들
    이 미워했으며, 자라면서 凶虐하자 나라가 무너져 내렸다'고 할 만큼 부정적
    으로 묘사했다. 정변의 가능성을 암시한다. 한편, 『後漢書』 고구려전에는
    121년 宮이 죽자, 아들 遂成이 즉위한 것으로 나온다.

20 『三國史記』卷15, 高句麗本紀, 次大王 20年.

21 임기환, 『고구려 정치사 연구』, 한나래, 2004, 93쪽.

22 『三國史記』卷16, 高句麗本紀, 故國川王 12年.

23 『三國史記』卷16, 高句麗本紀, 故國川王 13年.

24 여호규, 앞의 책, 2014, 269~270쪽.

25 『三國史記』卷17, 高句麗本紀, 西川王 17年.

26 노태돈, 『고구려사 연구』, 사계절, 1999, 165쪽.

27 임기환, 앞의 책, 2004, 105~106쪽.

28 『日本書紀』卷17, 繼體天皇 25年.

29 『日本書紀』卷19, 欽明天皇 6年.

30 『三國史記』卷44, 列傳, 居柒夫.

31 『三國史記』卷19, 高句麗本紀, 陽原王 13年.

32 『日本書紀』에는 641년 9월에 발생했으며, 정변으로 죽은 자가 180여인으로 나온다(『日本書紀』卷24, 皇極天皇 元年 2月).

33 김진한, 『고구려 후기 대외관계사 연구』, 한국학중앙연구원출판부, 2020, 329쪽.

34 『冊府元龜』卷964, 外臣部9, 封冊 第2.

35 『唐會要』卷95, 高句麗.

36 『三國史記』卷22, 高句麗本紀, 寶藏王 下;『東國通鑑』三國紀, 戊辰年.

37 김진한, 「高句麗 滅亡과 淵蓋蘇文의 아들들」 『한국고대사탐구』 22, 2016, 123~125쪽.

38 『舊唐書』卷199上, 高麗.

39 『新唐書』卷110, 泉男生;『日本書紀』卷27, 天智天皇 6年.

40 『隋書』卷81, 高麗 ;『舊唐書』卷199上, 高麗.

41 『周書』卷49, 高麗 ;『舊唐書』卷199上, 高麗.

고구려 차대왕의 정변과 초기 왕위계승의 원칙

1   『三國史記』卷16, 高句麗本紀4, 新大王 원년.

2   임기환, 『고구려 정치사 연구』, 한나래, 2004, 92~93쪽; 금경숙, 『고구려 전기 정치사 연구』, 고려대학교 민족문화연구원, 2004, 109쪽; 이준성, 「고구려의 형성과 정치체제 변동」, 연세대학교 박사학위논문, 2019 ; 최일례, 「고구려 新大王의 즉위와 시조묘 제사 親行」 『한국학연구』 70, 2019 ; 조영광, 『고구려 초기 사회 연구』, 전남대학교 출판문화원, 2023, 244쪽. 이 외에 다양한 연구에서 태조왕~신대왕 시기 각 나부간의 정치적 대립을 다루고 있지만, 분량상 이에 대한 정리는 생략한다.

3   중기 이후 형제계승의 사례는 小獸林王-故國壤王의 계승과 安臧王-安原王의 계승, 嬰陽王-榮留王의 계승으로 총 3차례이다.

4   金洸鎭, 「高句麗社會の生産樣式-國家の形成過程を中心として」, 『普成專門學校』 3, 1937, 743~745쪽; 김철준, 「高句麗, 新羅의 官階組織의 成立過程」 『李丙燾博士華甲紀念論叢』, 1956, 702~703쪽 ; 「高句麗, 新羅의 官階組織의 成立過程」 『韓國古代社會研究』, 知識産業社. 1975, 131쪽; 이기백, 「高句麗 王妃族考」 『진단학보』 20, 1959.

5   선행 연구에서는 고구려 국왕이 동생 혹은 아들에게 이어지는 과정을 연구에 따라 '계승' 혹은 '상속'이라고 칭하며 형제상속, 혹은 형제계승이라는 용어를 혼용하고 있다. 상속이란 일반적인 재산의 수령만이 아니라 지위의 승계라는 의미도 포괄하고 있기에 형제상속이라는 용어에 문제는 없지만, 본고에서는 고구려에서의 동생이 왕위를 물려받는 과정이 엄밀한 의미에서 국왕으로서의 지위의 완전한 상속과는 차이가 있다고 여기기 때문에 본고에서는 '부자계승' 및 '형제계승'이라는 용어로 대체한다.

6   이도학, 「고구려 초기 왕계의 복원을 위한 검토」 『한국학논집』 20, 1992, 175쪽.

7   이기백, 앞의 논문, 1959, 89쪽 및 각주 12번.

8   여호규, 『고구려 초기 정치사 연구』, 신서원, 2014, 252쪽.

9   『三國史記』卷16, 高句麗本紀4, 山上王 원년.

10   김광수, 「고구려 초기의 왕위계승 문제」 『한국사연구』 55, 1986, 2~6쪽; 윤상열, 「고구려 王后 于氏에 대하여」 『역사와 실학』 32, 2007, 228~230쪽; 최재석, 「高句麗의 王位繼承」 『정신문화연구』 32, 1987; 신인철, 「高句麗의 왕위

계승의 원리」『민족학연구』1, 1995a ; 「고구려의 건국과 왕위 계승」『한국문화인류학』27, 1995b, 251~254쪽

11 이도학, 앞의 논문, 1992; 임기환, 「고구려 태조대왕과 신대왕 王系에 대한 재검토」『역사문화연구』81, 2022.

12 기존 관련 연구에서는 '왕위계승원리' 혹은 '왕위계승의 원칙'처럼 여러 용어를 혼용하였으며, 이들에 대한 각 연구의 정의는 본고에서 모두 파악하기 어렵다. 다만 본고에서는 '원칙'은 당대 고구려인들이 명문화한 규칙 혹은 보편적으로 공유하며 언어로 표현할 수 있는 관념에 한정해야 한다고 여긴다. 반면 '원리'라는 용어는 사회 구성원들의 무의식적인 행동 양식까지 포괄하는 인류학적인 접근에 더 적합하다고 생각한다. 따라서 본문에서는 '원칙'을 위와 같이 정의하고, 이후의 논의는 원칙의 문제만을 중심으로 논의하도록 한다.

13 大平聰, 「日本古代王權繼承試論」『歷史評論』429, 1988 ; 左藤長門, 「倭王權の轉成」『倭國と東アジア』, 吉川弘文館, 2002 ; 여호규, 앞의 논문, 2010, 177~178쪽 참조.

14 여호규, 「高句麗 初期의 王位繼承原理와 古鄒加」『동방학지』150, 2010, 170~185쪽.

15 동북아시아 민족의 다양한 취수혼의 사례와 고구려의 취수혼 범위에 대한 보다 자세한 논의는 김지희, 2018, 「고구려 혼인 습속의 階層性과 그 배경」『동북아역사논총』60, 11~14쪽 참조.

16 『太平御覽』卷783, 四夷部4, 高句麗條 所引『魏略』.

17 노태돈, 「고구려 초기의 娶嫂婚에 관한 일고찰」『金哲埈博士華甲紀念史學論叢』, 1983 ; 이영하, 「고구려 가족제도와 취수혼제」『공주대논문집』25, 1987 ; 박정혜, 「고구려 혼속에 관한 소고」『성신여대 인문과학연구』16, 1997 ; 박노석, 「고구려의 서옥제와 형사취수제」『건지인문학』4, 2010 ; 김지희, 앞의 논문, 2018 외.

18 엄광용, 「고구려 山上王의 '취수혼 사건'」『史學志』38, 2006 ; 윤상열, 앞의 논문, 2007 ; 최일례, 「산상왕의 혼인과 고구려의 정치: 나부세력의 동향을 중심으로」『歷史學研究』58, 2015.

19 이기백, 앞의 논문, 1959, 82쪽.

20 노태돈, 앞의 논문, 1983 ; 『고구려사 연구』, 사계절, 1999, 169~218쪽.

21 Willam A. Haviland, Cultural Anthropology (4th edition), (New York:

Holt, Rhinehart and Winston, 1983): 240; Miriam Koktvedgaard Zeitzen, Polygamy : A Cross-Cultural Analysis. (Berg Publishers, 2008): 10.

22 Radcliffe-Brown, A.R. and Forde, C.D., African Systems of Kinship and Marriage, (London: Oxford University Press, 1950): 64.

23 김수태, 「2세기 말 3세기대 고구려의 왕실혼인 - 취수혼에 대한 재검토를 중심으로」『한국고대사연구』38, 2005, 95쪽 및 101쪽. 이강래 또한 이에 동의하며 취수혼과 같은 2차혼의 사회적 의의는 사회적 아버지의 계통을 지속시킬 아들을 얻게 하는 데에 있었다고 보았다. 이강래, 『한국 고대의 경험과 사유 방식』, 전남대학교출판문화원, 2020, 226쪽.

24 『三國史記』卷14, 高句麗本紀2, 閔中王 원년.

25 이기백, 앞의 논문, 1959, 90~91쪽.

26 『三國史記』卷14, 高句麗本紀2, 大武神王 15년 및 慕本王 원년.

27 한편 위와 같이 결국은 해우가 모본왕으로 즉위했기 때문에 민중왕의 즉위 또한 부자계승의 원칙을 깬 것이 아닌 것으로 이해하기도 한다. 이도학, 「高句麗의 內紛과 內戰」『고구려발해연구』24, 2006, 11쪽.

28 『三國史記』卷15, 高句麗本紀3, 太祖大王 80년.

29 『三國史記』卷16, 高句麗本紀4, 山上王 원년 5월.

30 이기백, 앞의 논문, 1959, 91~92쪽.

31 『春秋公羊傳』昭公 20年.

32 『史記』卷38, 宋微子世家8.

33 『史記』卷38, 宋微子世家8.

34 이도학, 앞의 논문, 1992 ; 劉子敏, 「高句麗前期王系考辨」『高句麗歷史研究』, 延邊大學出版部, 1996.

35 이준성, 앞의 논문, 2019, 158쪽.

36 기본적으로 상술한 '형제계승'에서 태조왕~신대왕이 이 사례에 속한다고 본 연구에서는 동일 세대의 인물들이라는 사실 자체는 긍정하고 있다. 노태돈, 앞의 책, 1999, 80~84쪽 참조. 다만 해당 연구에서는 신대왕에 한해서는 태조왕,

차대왕과 형제가 아닌 가까운 친척으로 보았다.

37 여호규, 앞의 논문, 2010, 176쪽.

38 『三國史記』卷15, 高句麗本紀3, 太祖大王 94년 7월.

39 『三國史記』卷15, 高句麗本紀3, 太祖大王 94년 12월.

40 『三國史記』卷15, 高句麗本紀3, 次大王 3년 4월.

41 이종욱, 『고구려의 역사』, 김영사, 2005, 182~184쪽 ; 박노석, 「고구려 초기 왕위 계승의 원리」『대동사학』 5, 2005, 14쪽 ; 임기환, 앞의 논문, 2022, 15쪽.

42 이종욱, 『주몽에서 태조대왕까지 - 고구려 국가 형성과 성장에 대한 〈모델 3〉』, 서강대학교 출판부, 2008, 122쪽 ; 임기환, 앞의 논문, 2022, 25쪽 참조.

43 『三國史記』卷15, 高句麗本紀3, 太祖大王 94년 10월.

44 차대왕의 아들인 추안은 오로지 『三國史記』卷16, 高句麗本紀4, 新大王 2년의 사면령을 반포하는 과정에서 언급되는데, 이때 '太子'로 칭해지고 있어 차대왕의 후계자로 내정되었음이 확인된다.

신라 상대(上代)의 왕위계승과 정변

1 이에 대한 자세한 것은, 이기백·이기동 공저, 『한국사강좌 I 』[고대편], 1982, 일조각, 143~147쪽 참조.

2 『삼국사기』 초기 기록에 보이는 왕위계승 관련 사료에 대해서는 일본인 학자들이 불신으로 시작(今西龍, 「新羅骨品考」 『史林』 第7卷 1號, 1922, 前間恭作, 「新羅王の世次と其の名つきて」 『東洋學報』 第15卷 2號, 1925, 末松保和, 「新羅上古世系考」 『京城帝國大學創立十周年紀念 論文集(史學篇)』, 1936, 池內宏, 「新羅の骨品制と王統」 『東洋學報』 第28卷 3號, 1941, 三品彰英, 「新羅の姓氏に就いて」 『史林』 第15卷 4號, 1963, 三品彰英, 「骨品制社會」 『古代史講座』 7, 1963, 井上秀雄, 「新羅の骨品制度」 『歷史學研究』 304, 1965)하였으나, 점차로 한국인 학자들의 다양한 연구로 불신의 벽을 극복하고 있다. 특히, 末松保和가 박·석·김 3성의 교립과 분립을 언급(末松保和, 『新羅史の諸問題』, 1954, 東洋文庫)하면서, 즉 병렬의 가능성이 제시되었으며, 이에 따른 논의(김철준, 「신라 상대사회의 Dual Organization(상),

(하)」『역사학보』 1, 2, 1952 : 「신라 상고세계와 그 기년」『역사학보』 17·18, 1962, 김광수, 「신라 상고세계의 재구성 시도」『동양학』 3, 1973, 강종훈, 「신라 상고기년의 재검토」『한국사론』 26, 1991)가 진행된 바 있다. 물론 이에 대한 반론(이희진, 「《삼국사기》 초기기사에 대한 최근 기년조정안의 문제점」『역사학보』 160, 1998 : 「《삼국사기》 초기기사에 대한 최근 기년조정 논쟁」『한국사연구』 106. 1999)도 제기된 바 있다.

3   석씨의 연원에 대해서는, 『삼국유사』 권1 기이, 第四脫解王 조에, "옛날[昔]에 내 집이었다고 하여 남의 집을 빼앗았으므로, 성을 '석(昔)'이라고 하였다"라는 언급도 있다.

4   여기서 사용하는 '세력'이라는 용어는 연맹체 또는 공동체를 지칭하지만, 특정 용어로 규정하기보다는 세력이라는 일반명사로 사용하고자 한다.

5   『삼국사기』 권 4, 신라본기 4, 진흥왕 6년 조.

6   이에 대해서는 이미 '以~爲~' 또는 '拜~爲~'라는 형식에 주목(김희만, 「신라 상고기의 왕권과 관등」『동국사학』 30, 1996)한 바 있다.

7   대표적으로 이종욱, 『신라상대왕위계승연구』, 1980, 영남대학교 출판부의 내용이 참고된다.

8   이와 관련해서, 남재우, 「신라상고기의 '국인'층」『한국상고사학보』 10, 1992, 최의광, 「'삼국사기' '삼국유사'에 보이는 신라의 '국인' 기사 검토」『신라문화』 25, 2005 : 「신라 국인의 의미」『한국동북아논총』 79, 2016 등이 참고된다.

9   『삼국사기』 권4, 신라본기, 진지왕 4년 조.

10   『삼국사기』 권 47, 열전 7, 설계두 조.

11   이와 관련하여 이기동, 「신라 나물왕계의 혈연의식」『역사학보』 53·54, 1972가 참고된다.

신라 하대의 쿠데타와 대외교섭

1   쿠데타(coup d'état)의 개념에 대해서는 다음의 자료를 참고하였다. 모리스 아귈롱 저, 이봉지 역, 1998, 『쿠데타와 공화정』, 도서출판 한울. Ian Campbell, "coup d'état", A Concise Oxford Dictionary of Politics and International Relations(4 ed.), Oxford University PressPrint, 2018. Britannica, "coup

d'état", https://www.britannica.com/topic/coup-detat, 2023년 10월 26일.

2   『唐律疏議』第6條, 名例 十惡, "三日謀叛 謂謀背國從僞".

3   『唐律疏議』第6條, 名例 十惡, "二日 謀大逆 謂謀毀宗廟山陵及宮闕".

4   『唐律疏議』第6條, 名例 十惡, "一日謀反 謂謀危社稷".

5   姜聲媛, 「新羅時代 叛逆의 歷史的 性格 - 『三國史記』를 중심으로 - 」『韓國史研究』43, 1983.

6   金昌謙, 「新羅 下代 王位簒奪型 叛逆에 대한 一考察」『韓國上古史學報』17, 1994.

7   예를 들어, 흔히 '元宗·哀奴의 亂'이라고 부르는 889년의 사건에 대해서 『삼국사기』는 '叛'으로 표기했고 학계에서는 일반적으로 '반란'이라 통칭한다. 이는 신라 지배층의 입장에서 봤을 때, 왕조를 위협한 사건이므로 '叛'이라고 규정하는 것이 옳다. 그러나, 사건의 실체적 성격은 민중의 봉기(insurrection)이므로, 본고에서는 다루지 않는다.

8   『三國史記』권9, 新羅本紀9, 惠恭王 16년(780) 2월.

9   『三國史記』권9, 新羅本紀9, 惠恭王 16년(780) 4월.

10   『三國遺事』권2, 紀異2, 景德王 忠談師 表訓大德.

11   姜仁求(강인구)·金杜珍(김두진)·金相鉉(김상현)·張忠植(장충식)·黃浿江(황패강), 『譯註(역주) 三國遺事(삼국유사)』Ⅱ, 以會文化社(이회문화사), 2002, 78쪽.

12   선행 연구에서는 『三國史記』의 기록에 따라서 혜공왕이 亂兵에 의해 살해당했다고 파악하기도 하고(이병도, 『韓國史』(고대편), 을유문화사, 1959 ; 김수태, 『新羅中代政治史硏究』, 一潮閣, 1996 ; 김창겸, 『新羅 下代 王位繼承 硏究』, 景仁文化社, 2003 ; 박해현, 『신라 중대 정치사 연구』, 국학자료원, 2003 ; 이영호, 『신라 중대의 정치와 권력구조』, 지식산업사, 2014 ; 전덕재, 「신라惠恭王의 弑害와 歷史的評價에 대한 考察」『新羅文化祭學術發表論文集』39, 2018), 『三國遺事』의 기록을 신뢰하여 김양상과 김경신이 혜공왕을 살해했다고 파악하기도 한다(池內宏, 『滿鮮史硏究』上世 2冊, 吉川弘文館, 1960 ; 이기백, 『新羅政治社會史硏究』, 一潮閣, 1974 ; 최병헌, 「신라 하대사회의 동요」『한국사』3, 국사편찬위원회, 1978 ; 이문기, 『신라 하대 정치와 사회 연구』, 학연문화사, 2015).

13 이에 대해서는 다음 장에서 좀 더 구체적으로 서술하겠다.

14 『三國史記』권10, 신라본기10, 元聖王 원년(785).

15 『三國遺事(삼국유사)』권2, 紀異(기이)2, 元聖大王(원성대왕).

16 『三國史記』권10, 新羅本紀10, 憲德王 14년(822) 3월.
　　흔히 '金憲昌의 亂'으로 불리는 이 사건의 경우 『삼국사기』는 '反叛'으로 규정
　　하였다. 김헌창은 국호를 정하고 연호를 독자적으로 반포하였다. 그리고 4州
　　의 도독과 3小京의 사신 및 여러 郡縣의 守令들이 호응하는 등 신라의 광범위
　　한 지역이 동참하였다. 이로 미루어 봤을 때, 김헌창은 새로운 왕조를 개창해
　　신라를 병합하려 했던 것으로 보인다. 따라서 본고에서는 김헌창의 난을 쿠테
　　타가 아니라 내란(rebellion)으로 이해하였다.

17 『三國史記』권10, 新羅本紀10, 元聖王 7년(791) 1월.

18 『三國遺事』권1, 王曆 第四十哀莊王.

19 『三國史記』권10, 新羅本紀10, 哀莊王 10년(809) 7월.

20 『三國史記(삼국사기)』권10, 新羅本紀(신라본기)10, 僖康王(희강왕) 원년
　　(836) 12월.

21 『三國史記(삼국사기)』권10, 新羅本紀(신라본기)10, 僖康王(희강왕) 3년
　　(838) 정월.

22 『三國史記(삼국사기)』권10, 新羅本紀(신라본기)10, 閔哀王(민애왕) 원년
　　(838) 2월.

23 『三國史記(삼국사기)』권10, 新羅本紀(신라본기)10, 閔哀王(민애왕) 원년
　　(838) 12월.

24 『三國史記』권10, 新羅本紀10, 閔哀王 2년(839) 윤정월.

25 『三國史記』권10, 新羅本紀10, 閔哀王 원년(838).

26 『三國史記』권11, 新羅本紀11, 文聖王 3년(841).

27 『三國史記』권11, 新羅本紀11, 文聖王 9년(847) 5월.

28 『三國史記』권11, 新羅本紀11, 文聖王 11년(849) 9월.

29 『三國遺事』권1, 王曆 第四十五 神武王.

30 『三國史記』권11, 新羅本紀11, 景文王 6년(866) 10월.

31 『三國史記』권11, 新羅本紀11, 景文王 8년(868) 정월.

32 『三國史記』권11, 新羅本紀11, 景文王 14년(874) 5월.

33 『三國史記』권11, 新羅本紀11, 憲安王 5년(861) 정월.

34 『三國史記』권11, 新羅本紀11, 憲康王 5년(879) 6월.
   『三國史記』권12, 新羅本紀12, 景明王 2년(918) 2월.

35 『三國史記』권9, 新羅本紀9, 宣德王 3년(782) 윤정월.

36 『三國史記』권10, 新羅本紀10, 元聖王 2년(786) 4월.

37 『三國史記』권10, 新羅本紀10, 憲德王 2년(810) 10월.

38 『冊府元龜』권965, 外臣部 封冊3, 貞元 원년(785) 정월.

39 『祖堂集』권17, 雪嶽陳田寺元寂禪師.

40 선덕왕이 즉위 후 1년이 지난 선덕왕 3년(782) 윤 정월에 처음 대당사신을 파
   견하였으나, 이때의 사신이 혜공왕의 죽음과 新王의 즉위 사실을 당에 알리지
   않았다는 점은 권덕영에 의해서 일찍부터 지적되었다. 선덕왕에 대한 당의 책
   봉이 선덕왕 6년에 이르러서야 겨우 행해진 까닭도 이와 같은 이유 때문으로
   파악하였다(權悳永, 『古代韓中外交史 - 遣唐使研究-』, 一潮閣, 71쪽).

41 정동훈, 『고려시대 외교문서 연구』, 혜안, 15~16쪽.

42 『全唐文(전당문)』권284, 張九齡(장구령) 敕新羅王金重熙書(칙신라왕금중희
   서).

43 『冊府元龜(책부원귀)』ㅍ 권965, 外臣部(외신부) 封冊(봉책)3, 元和(원화) 7년
   (812) 7월.

44 『三國史記』권10, 新羅本紀10, 哀莊王 원년(800).
   『三國史記』권10, 新羅本紀10, 哀莊王 원년(800) 7월.

45 權悳永, 앞의 책, 75~76쪽.

46　반면, 발해에 대한 2차례의 사신 파견 사례는 신라사 전시기를 놓고 보더라도 매우 이례적이다. 이것이 신라 하대 쿠데타 왕권 내부의 필요에 의해서 추진된 것인지, 아니면 8세기 말~9세기 초 동아시아의 역관계 속에서 이루어진 것인지는 추후 정밀하게 분석할 필요가 있다. 이 문제에 대해서는 추후 별도의 논문에서 구체적으로 밝힐 계획이다.

발해 역사의 변혁(變革)

1　임상선, 「발해」『한국 고대사 연구의 새 동향』, 서경문화사, 2007, 150~151쪽.

2　『新唐書(신당서)』 권43下(하), 志(지)33下(하), 地理(지리)7下(하), 羈縻州(기미주). 이밖에 皇華四達記(황화사달기)를 인용한 기록(『武經總要(무경총요)』 前集(전집) 권22, 東京四面諸州(동경사면제주))을 참조, 현주로의 천도가 천보 이전이었을 가능성도 제기되었다(宋基豪(송기호), 「발해의 초기 도읍지와 천도과정」『于江權兌遠敎授定年紀念論叢(우강권태원교수정년기념논총)』, 1994).

3　『新唐書(신당서)』 권219, 列傳(열전)144, 北狄(북적), 渤海(발해).

4　『舊唐書』 권199下, 列傳149下, 北狄, 渤海.

5　신당서와 구당서 발해전 이외에, 다음의 기록 참조
『遼史』 권38, 志8, 地理志 2, 東京道, 開州鎭國軍, “開州鎭國軍, 節度. 本濊貊地, 高麗爲慶州, 渤海爲東京龍原府. 有宮殿…… 開遠縣. 本柵城地, 高麗爲龍原縣, 渤海因之, 遼初廢. 聖宗東討, 復置以軍額. 民戶一千.”
『三國史記』 권37, 雜志6, 地理四, 百濟조 후반, “賈耽古今郡國志云, “渤海國 南海·鴨淥·扶餘·柵城四府, 並是高句麗舊地也. 自新羅泉井郡, 至柵城府, 凡三十九驛.”

6　王培新(왕배신)·傅佳欣(부가흔)·彭善国(팽선국), 「吉林敦化敖东城及永胜遺址考古发掘的主要收获(길림돈화오동성급영승유지고고발굴적주요수획)」『边疆考古研究(변강고고연구)』2, 科学出版社(과학출판사), 2003 ; 王培新(왕배신)·傅佳欣(부가흔), 「渤海早期都城遺址的考古学探索(발해조기도성유지적고고학탐색)」『吉林大学社会科学学报(길림대학사회과학학보)』2003-3, 2003 등.

7　吉林省文物考古研究所(길림성문물고고연구소)·延边朝鲜族自治州文物管理委员会办公室(연변조선족자치주문물관리위원회판공실), 「吉林和龙市龙海渤海王室墓葬发掘简报(길림화룡시룡해발해왕실묘장발굴간보)」『考古(고

고)』2009-6, 2009.

8 刘忠义(유충의),「东牟山在哪里(동모산재나리)」『学习与探索(학습여탐색)』
   1982-4, 1982 ; 刘晓东(유효동),「渤海(발해)"旧国(구국)"蒭议(취의)」『学习
   与探索(학습여탐색)』1985-2, 1985 ; 王禹浪(왕우랑)·都永浩(도영호),「渤
   海东牟山考辨(발해동모산고변)」『黑龙江民族丛刊(흑룡강민족총간)』2000-
   2, 2000 ; 吕雪冰(여설빙),「关于渤海立国之地东牟山地理位置的探析(관우
   발해립국지지동모산지리위치적탐석)」『北方文物(북방문물)』2014-1, 2014
   ; 王禹浪(왕우랑)·吴博(오박),「近二十年来渤海早期王城东牟山山城再研
   究(근이십년래발해조기왕성동모산산성재연구)」『哈尔滨学院学报(합이빈학
   원학보)』43-1, 2022 ; 刘晓东(유효동),「渤海早期王城的文献学辨正与考
   古学观察(발해조기왕성적문헌학변정여고고학관찰)」『北方文物(북방문물)』
   2023-6, 2023.

9 吉林省文物考古研究所(길림성문물고고연구소)·延边朝鲜族自治州文物保
   护中心(연변조선족자치주문물보호중심),「吉林图们市磨盘村山城遗址(길
   림도문시마반촌산성유지)2019年调查与发掘(2019년조사여발굴)」『考古(고
   고)』2023-1, 2023, 49~50쪽.

10 吉林省文物考古研究所(길림성문물고고연구소)·延边朝鲜族自治州文物保
   护中心(연변조선족자치주문물보호중심), 앞의 논문, 63쪽.

11 吉林省文物考古研究所(길림성문물고고연구소)·浙大城市学院(절대성시학
   원)·延边朝鲜族自治州文物保护中心(연변조선족자치주문물보호중심),「吉
   林图们市磨盘村山城遗址(길림도문시마반촌산성유지)2021年北区发掘简报
   (2021년북구발굴간보)」『北方文物(북방문물)』2023-1, 2023, 37쪽.

12 王禹浪(왕우랑)·都永浩(도영호),「渤海东牟山考辨(발해동모산고변)」『黑龙
   江民族丛刊(흑룡강민족총간)』2000-2, 2000.

13 특히 舊國(구국)이 발해왕성으로부터 3백리라는 것은 서고성과 성자산산성으
   로부터 남북 직선 방향의 대략적인 거리이고, 현주로부터 발해왕성이 6백리라
   는 것은 현주에서 정북 방향으로 가다 다시 동쪽으로 가기를 6백리에 발해왕
   성에 이른다는 의미로 해석하고 있다(王禹浪(왕우랑)·都永浩(도영호),「渤海
   东牟山考辨(발해동모산고변)」『黑龙江民族丛刊(흑룡강민족총간)』2000-2,
   2000, 65~68쪽).

14 마반촌산성의 고고 발견을 근거로 동모산성이 마반촌산성임이 확정된 것은
   21세기 발해 역사 연구에서 가장 중요한 돌파(진전)이라는 주장도 제기되기
   에 이르렀다(冯恩学(풍은학)·侯璇(후선),「渤海国建国之地与国号变迁新识
   (발해국건국지지여국호변천신식)」『北方文物(북방문물)』2022-1, 2022, 110
   쪽).

15 『遼史』권38, 志8, 地理志 2, 東京道, 開州鎭國軍.

16 『三國史記』권37, 雜志6, 地理四, 百濟조 후반.

17 고미야 히데타카, 「발해의 강역·대외관계 연구동향과 과제」『한국고대사연구』89, 2018, 221쪽. 이와 달리 천도 이전에 상경 지역에 대한 영토 확장 및 확고한 통제력 확보가 천도의 계기라는 의견도 제기되었다(김진광, 「발해의 "숙신고지"로의 팽창과 상경 방어체계」『인문학연구』34, 제주대학교 인문과학연구소, 2023, 243~244쪽).

18 『類聚國史』권193, 殊俗, 渤海上, 延曆15년 4월 戊子. "祖大行大王以大興五十七年三月四日薨背 … 孤孫大嵩璘 頓首."

19 『新唐書』권219, 列傳144, 北狄, 渤海.

20 임상선, 『발해의 지배세력연구』, 신서원, 1999, 93~97쪽.

21 대원의는 반드시 음모 혹은 폭력적 수단으로 왕위를 획득했을 것이라는 해석도 있다(魏國忠·朱國忱·郝慶云, 『渤海國史·, 中國社會科學出版社, 2006, 123쪽).

22 문왕 사후의 혼란을 大氏王族 내부의 嫡系와 傍系間의 王位鬪爭이었을 뿐만 아니라 渤海王族과 豪族을 위수로 한 上層統治集團 내부의 政權爭奪戰으로 규정한 견해도 있다(방학봉, 「발해 대원의가 피살된 사회적 배경과 그 성격에 대한 연구」『발해사연구』, 정음사, 1989, 122쪽).

23 林相先, 「渤海의 遷都에 대한 考察」『淸溪史學』5, 1988, 45~46쪽.

24 『舊唐書』, 渤海傳, "十四年, 加銀靑光祿大夫, 檢校司空, 進封渤海郡王. 嵩璘父欽茂開元中, 襲父位爲郡王左金吾大將軍."
『舊唐書』권13, 德宗紀下, 貞元11년 2월 乙巳, "冊渤海大欽茂之子嵩璘爲渤海郡王, 忽汗州都督."
『新唐書』, 渤海傳, "欽茂少子嵩璘立, 改元正歷."
『資治通鑑』권235, 貞元 10년 12월초, "復立欽茂少子嵩璘, 是爲康王, 改元正曆."
『類聚國史』권193, 殊俗, 渤海上, 延曆15년 4월 戊子, "祖大行大王以大興五十七年三月四日薨背. ……孤孫大嵩璘, 頓首."
『冊府元龜』권965, 封冊, "(貞元 11년)二月, 令內常侍殷志瞻將冊書往渤海, 冊大嵩璘爲渤海王, 忽汗州都督. 嵩璘渤海大欽茂之子, 襲父位也."

25 『日本逸史』권5, 延曆 15년 4월 戊了條, "渤海國遣使獻方物, 其工啓口嵩璘視息苟延, 奄及祥制, 官僚感義, 奪志抑情, 起續洪基, 祗統先烈, 朝維依

舊, 封域如初."

26   朱國忱·魏國忠,『渤海史稿』, 黑龍江文物出版社, 1984, 65쪽 ; 宋基豪,『渤海政治史研究』, 一潮閣, 1995, 140~142쪽.

27   石井正敏,『日本渤海關係史の研究』, 吉川弘文館, 2001, 94쪽.

28   김종복,「내분기의 왕위계승」『발해의 역사와 문화』, 동북아역사재단, 2007, 75쪽.

29   권은주,「8세기말 발해의 천도와 북방민족 관계」『고구려발해연구』41, 2011, 223~224쪽.

30   吉林省文物考古研究所·延边朝鲜族自治州文物管理委員会办公室,「吉林和龙市龙海渤海王室墓葬发掘简报」『考古』2009-6, 2009, 38쪽. 또한 최근 고구려발해학회, 한국전통문화대학교 북방문화유산연구소·융합고고학과 주최 학술회의에서 권은주「문자자료를 활용한 발해사 연구의 새로운 가능성 - 위준, 효의황후, 순목황후, 진만 묘지명을 중심으로 -」(제4회 전국고구려발해학대회 발표자료집(고구려·발해·북방사 연구의 새로운 모색 Ⅳ), 2023.12.15.~12.16, 278~281쪽)에서 張福有,「敦化岗子至宁安复兴楼遗址遗迹的调查与思考」『黑龙江社会科学』196, 2023, 162~163쪽의 순목황후와 효의황후 묘지문 내용을 소개하고, 연구 검토를 하였다.

31   張福有,「敦化岗子至宁安复兴楼遗址遗迹的调查与思考」, 2023, 162쪽.

32   신·구당서 발해전 이외에 대인수의 출자에 대하여 언급한 자료에는 다음이 있다.
『冊府元龜』권965, 外臣部, 封冊3, "(元和)十三年四月, 以知渤海國務大仁秀爲銀靑光祿大夫簡較秘書監, 忽汗州都督, 冊爲渤海國王."
『資治通鑑』권240, "(元和13年 五月)辛丑, 以知渤海國務大仁秀爲渤海王."

33   권은주,「문자자료를 활용한 발해사 연구의 새로운 가능성 - 위준, 효의황후, 순목황후, 진만 묘지명을 중심으로 -」, 2023, 280쪽.

34   태씨는 동성 결혼을 회피하기 위한 것이며, 원래는 발해왕성인 대씨일 가능성이 높다.

35   정효공주가 대흥 56년(792) 6월 9일 사망하고, 약 5개월 만인 같은 해 11월 28일 배장된 기간을 참조하면, 문왕비 효의황후는 보력 2년(775) 10월 24일에 묻혔으니, 사망은 같은 해 5월 5일 즈음일 것이다.

36   간왕비인 순목황후가 용두산에 천장된 것과 달리 대인수는 목단강 북안에 별

도의 고분군인 삼릉둔에 묻혔을 것으로 추정하고 있다(최정범, 「渤海 王陵比定 試論」『韓國考古學報』113, 2019, 252~254쪽).

37 魏國忠·朱國忱·郝慶云, 『渤海國史』, 中國社會科學出版社, 2006, 135쪽.

38 대인수가 즉위 후 보인 강력한 지배력과 명충의 재위가 극단적으로 짧은 사실에서 인수에 의한 王系簒奪의 가능성이 언급된 바 있다(酒寄雅志, 「渤海王權の一考察 - 東宮制を中心として」(旗田巍先生古稀記念會 편, 『朝鮮歷史論集』上卷, 龍溪書舍), 1979 : 林相先 편역, 『渤海史의 理解』, 도서출판 신서원, 1990, 140쪽).

39 장건장 묘지에 의하면, 장건장은 유주부를 떠나 배를 타고 발해 수도인 홀한주에 도착했다고 한다. 유주에서 상경까지 대략 1년의 기간이 소요되어 太和 8년(834) 9월에 도착하였으나, 해가 바뀌어 출발하여 태화 9년 8월에 복명하였다. 갈 때와 달리 귀국 시의 시간이 훨씬 단축되었음을 알 수 있다(徐自强, 「《张建章墓志》考」『文献』1979-12, 1979 ; 佟柱臣, 「《渤海记》著者张建章《墓志》考」『黑龙江文物丛刊』1981-06, 1981).

40 발해 왕실의 역사 의식의 변화를 선왕의 즉위에서 찾는 견해도 있다. 『신당서』 발해전에 『구당서』에 없는 걸걸중상이 등장하는 것은 선왕계가 대야발의 후손으로서 자신들의 정통성을 강조하기 위한 것이라고 한다(김종복, 「내분기의 왕위계승」『발해의 역사와 문화』, 동북아역사재단, 2007, 79쪽).

41 『遼史』권38, 志8, 地理志2, 東京道, 東京遼陽府.

위만의 정변 과정과 위만조선 건국

[사료]

『史記』, 『三國志』, 『鹽鐵論』, 『前漢紀』, 『漢書』, 『後漢書』, 『我邦疆域考』

[단행본]

김남중, 「위만조선의 성립과 발전 과정 연구」, 서강대 박사학위논문, 2014a. 박준형, 『고조선사의 전개』, 서경문화사, 2014.

송호정, 『한국고대사속의 고조선사』, 푸른역사, 2003.

이병도, 『韓國古代史研究(修訂版)』, 博英社, 1985,.

전대준·최인철, 『조선단대사(고조선사)』, 과학백과사전출판사, 2010, 54~56쪽.

藤田亮策·梅原末治, 『朝鮮古文化綜鑑』 1, 養德社, 1947.

三上次男, 『古代東北アジア史研究』, 吉川弘文館, 1966.

田村晃一, 『樂浪と高句麗の考古學』, 同成社, 2001.

苗威, 『古朝鮮研究』, 香港亞洲出版社, 2006.

苗威, 『衛氏朝鮮史』, 中國社會科學出版社, 2019.

[학술논문]

강인욱, 「상투를 튼 고조선 사람들」 『테라 인코그니타』, 창비, 2021.

김남중, 「衛滿朝鮮의 領域과 王儉城」 『韓國古代史研究』 22, 2001.

김남중, 「衛滿朝鮮의 王權과 地方統治體制」 『한국고대사연구』 33, 2004,

김남중, 「위만의 출신 종족에 대한 재고」 『선사와 고대』 42, 2014b.

국립문화재연구소, 「위원 용연동유적」 『韓·中 鐵器資料集III : 한반도 북부지역의 초기철기』, 2012.

김한규, 「衛滿朝鮮關係中國側史料再檢討」 『釜山女大論文集』 8, 1980.

박선미, 「고고학 자료로 본 위만조선의 문화 성격 ─ 평양 일대의 고분을 중심으로 ─」 『동양학』 53, 2013.

박선희, 「복식과 정치체제의 비교로 본 고조선·위만조선·서한제국」 『고조선단군학』 30, 2014.

박준형, 「기원전 3~2세기 고조선의 중심지와 서계의 변화」 『사학연구』 108, 2012 ;

배현준, 「春秋戰國시기 燕文化의 중국동북지역 확산 및 토착집단과의 관계」 『韓國古代史研究』 87, 2017.

배현준, 「한반도 서북부 초기철기문화출현 과정의 一面」 『한국고대사탐구』 44, 2023.

서영수, 「고조선의 위치와 강역」 『한국사 시민강좌』 2, 1988.

서영수, 「衛滿朝鮮의 形成過程과 國家的 性格」 『한국고대사연구』 9, 1996.

선석열, 「일인 관학자들의 단군신화의 불가조작설과 그 비판」 『한일관계사연구』 76, 2022.

오영찬, 「기원전 2세기대 서북한 고고 자료와 위만조선」 『한국고대사연구』 76, 2014.

오현수, 「고조선 예맥교섭망의 변동 양상 연구 -『염철론』 '조선' 기사의 분석을 중심으로」 『국학연구』 22, 2013.

이후석, 「고고자료를 통해 본 만번한」 『동북아역사논총』 57, 2017.

이청규, 「중국동북지역의 고조선문화」 『동북아시아 고고학 개설』 I (선·원사시대편), 동북아역사재단, 2020.

조원진, 「단군신화의 구조 연구 -시대별 변천을 중심으로-」 『인문학연구』 28, 2015.

조원진, 「위만조선의 대외관계에 대한 검토 -朝·漢 전쟁 이전을 중심으로-」 『백산학보』 109, 2017.

조원진, 「고조선과 秦나라의 대외관계 연구」 『사학연구』 129, 2018.

조원진, 「고조선 중심지의 변천을 바라보는 최근 시각」 『선사와 고대』 72, 2023.

리지린, 「진개와 위만」 『력사과학』 5, 1962.

박시형, 「만조선왕조에관하여」 『력사과학』 3, 1963.

今西龍, 「大同江南の古墳と樂浪王氏との關係」 『東洋學報』 2-1, 1912.

今西龍, 「朝鮮史槪說」 『朝鮮史の栞』, 近澤書店, 1935.

荊木計男, 「衛満朝鮮王冊封について--前漢帝國遼東郡からのアプロ-チ」 『朝鮮学報』 115, 1985.

『일본서기(日本書紀)』에 보이는 백제의 정변에 대한 고찰

[사료]

『三國史記』, 『三國遺事』, 『日本書紀』, 『古事記』, 『新撰姓氏錄』, 廣開土王碑文, 七支刀 銘文,
隅田八幡神社 人物畵像鏡 銘文

[연구서]

姜鍾元, 『4세기 백제사 연구』, 서경, 2002

金鉉球, 『大和政権の対外関係研究』, 吉川弘文館, 1985

김현구, 박현숙, 우재병, 이재석, 『일본서기 한국관계기사 연구』 I, 일지사, 2002

김현구, 박현숙, 우재병, 이재석, 『일본서기 한국관계기사 연구』 III, 일지사, 2004

김현구, 『임나일본부설은 허구인가』, 2010

盧重國, 『百濟政治史研究』, 一潮閣, 1988

大橋信弥, 『日本古代の王権と氏族』, 吉川弘文館, 1996

末松保和, 『任那興亡史』, 吉川弘文館, 1956

門脇禎二, 『飛鳥-その古代史と風土』 新版, NHK出版, 1977

飯田武郷,『日本書紀通釋』, 内外書籍, 1930

三品彰英,『日本書紀朝鮮關係記事考證』上, 吉川弘文館, 1962

연민수,『고대한일관계사』, 혜안, 1998

이강래,『삼국사기 인식론』, 一志社, 2011

이기동,『백제사연구』, 일조각, 1996

이도학,『새로쓰는 백제사』, 푸른역사, 1997

鄭孝雲,『古代韓日政治交涉史硏究』, 學硏文化社, 1995

志田諄一,『古代氏族の性格と伝承』增補, 雄山閣, 1972

千寬宇,『古朝鮮史・三韓史硏究』, 一潮閣, 1989

千寬宇,『加耶史硏究』, 一潮閣, 1991

佐伯有清,『新撰姓氏録の研究』考證篇 6, 吉川弘文館, 1983

홍성화,『한일고대사 유적답사기』, 삼인, 2008

홍성화,『칠지도와 일본서기-4~6세기 한일관계사 연구-』, 경인문화사, 2021

[학술논문]

金起燮,「漢城時代 百濟의 王系에 대하여」,『韓國史硏究』83, 1993

김기섭,「5세기 무렵 백제 渡倭人의 활동과 문화전파」,『왜 5왕 문제와 한일관계』,
    한일관계사연구논집 편찬위원회, 2005

김기섭,「백제 東城王 암살사건 재검토」,『한국학논총』34, 2010

金善民,「『日本書紀』에 보이는 豊璋과 翹崎」,『日本歷史硏究』11, 2000

金壽泰,「百濟 義慈王代의 政治變動」『韓國古代史硏究』5, 1991

金壽泰,「百濟 義慈王代의 太子冊封」,『百濟硏究』23, 1992

김영관,「백제 말기 중앙 귀족의 변천과 왕권-문헌 자료의 재해석과 금석문 자료를
    이용한 새로운 이해-」,『韓國古代史探究』19, 2015

金鉉球,「백제의 木滿致와 蘇我滿智」,『日本歷史硏究』25, 2007

盧重國,「七世紀 百濟와 倭와의 關係」,『國史館論叢』52, 1994

盧重國,「5세기 韓日關係史의 성격 개관」,『왜 5왕 문제와 한일관계』, 한일관계사
    연구논집 편찬위원회, 2005

西本昌弘,「豊璋と翹岐-大化改新前夜の倭国と百済」,『ヒストリア』107, 1985

宋浣範,「七世紀の倭国と百済」,『日本歷史』686, 2005

신정훈,「百濟 枕流王・辰斯王代의 정국과 高句麗의 동향」,『白山學報』90, 2011

梁起錫,「百濟 腆支王代의 政治的 變革」,『湖西史學』10, 1982

연민수,「5세기 후반 백제와 왜국」,『일본학』13, 1994

윤용혁,「무령왕 '출생전승에 대한 논의」,『백제문화』32, 2003

이강래,「『삼국사기』와『삼국유사』의 왕대력 비교 연구」,『한국사학보』21, 2005

李根雨,「『日本書紀』에 引用된 百濟三書에 관한 硏究」, 한국정신문화연구원 박사
    학위논문, 1994

이기동,「고대 동아시아 속의 백제문화」,『백제문화』31, 2002

李基白,「百濟王位繼承考」,『歷史學報』11, 1959

이도학,「한성말 웅진시대 백제왕위계승과 왕권의 성격」,『한국사연구』50,51, 1985

李成市,「表象としての広開土王碑文」,『思想』842, 1994

이용호, 「백제 진사·아화왕의 왕위계승 재검토」, 『東아시아 古代學』43, 2016

李在碩, 「5세기말 昆支의 渡倭 시점과 동기에 대한 재검토」, 『百濟文化』30, 2001

이홍직, 「三國時代의 海上活動」, 『韓國海洋史』海軍本部 戰史編纂官室, 1955

趙景徹, 「百濟 漢城時代 불교수용과 정치세력의 변화」, 『韓國思想史學』18, 2002

井上光貞「大化改新と東アジア」, 『岩波講座 日本歷史』2 1975

鄭載潤, 「東城王 23年 政變과 武寧王의 執權」, 『韓國史硏究』99,100, 1997

鄭載潤, 「文周 三斤王代 解氏 세력의 동향과 昆支系의 등장」, 『史學硏究』60, 2000

池內宏, 「百済滅亡後의 動乱及び唐·羅·日三国의 関係」, 『滿鮮史硏究』(上世第二册), 吉川弘文館, 1960

千寬宇, 「三韓의 國家形成」, 『韓國學報』2,3, 1976

淸木和夫, 「軍主小考」, 『日本古代의 政治と人物』, 吉川弘文館, 1977

최윤섭, 「4世紀 末 百濟의 王位繼承과 貴族勢力」, 『靑藍史學』14, 2006

胡口靖夫, 「百済豊璋王について--所謂「人質」生活を中心に」, 『國學院雜誌』80-4, 1979

洪性和, 「石上神宮 七支刀에 대한 一考察」, 『韓日關係史硏究』34, 2009

홍성화, 「5세기 한반도 남부의 정세와 倭」, 『동아시아 속의 한일관계사』上, 고려대학교 일본사연구회 편, 2010

洪性和, 「百濟와 倭 왕실의 관계-왕실 간 혼인관계를 중심으로-」, 『韓日關係史硏究』39, 2011

洪性和, 「熊津時代 百濟의 王位繼承과 對倭關係」, 『백제문화』45, 2011

홍성화, 「4세기말~5세기초 백제와 왜의 관계」, 『한국사 속의 백제와 왜(백제학연구총서 쟁점백제사6)』, 한성백제박물관, 2015

洪性和, 「5세기대 木氏를 중심으로 한 百濟와 倭의 고찰」, 『동아시아고대학』39, 2015

홍성화, 「지명과 신사」, 『일본 속의 百濟(近畿 지역)』I, 충청남도 충청남도역사문화연구원, 2017

홍성화, 「任那日本府에 대한 고찰-『日本書紀』任那日本府 관련 인물을 중심으로-」, 『日本硏究』33, 2020

洪性和, 「隅田八幡神社(스다하치만신사) 人物畵像鏡에 대한 一考察」, 『한국고대사탐구』43, 2023

백제 초기 왕위계승과 정변

[사료]

『三國史記』, 『三國遺事』, 『三國志』, 『魏書』, 『晉書』, 『周書』, 『隋書』, 『舊唐書』, 『新唐書』, 『冊府元龜』, 『日本書紀』, 『新撰姓氏錄』

[단행본]

김기섭, 『백제와 근초고왕』, 학연문화사, 2000

김두진, 『韓國古代의 建國神話와 祭儀』, 一潮閣, 1999
노중국, 『百濟政治史硏究』, 일조각, 1988
노중국, 『백제 정치사』, 일조각, 2018
문안식, 『한국고대사와 말갈』, 혜안, 2003
오영찬, 『樂浪·帶方郡 支配勢力 硏究』, 서울대학교 박사학위논문, 2005
박대재, 『고대 한국 초기 국가의 왕과 전쟁』, 경인문화사, 2006
박현숙, 『백제의 중앙과 지방』, 주류성, 2005
양기석, 『백제 정치사의 전개과정』, 서경문화사, 2013
이기백, 『韓國史新論』, 일조각, 1976
이기백·이기동, 『韓國史講座』(고대편), 일조각, 1982
이도학, 『백제 고대국가 연구』, 일지사, 1995
이병도, 『한국고대사연구』, 박영사, 1976
한성백제박물관, 백제학연구총서 16 『『삼국사기』 초기 기록, 어디까지 믿을 수 있
    나』, 2020

[학술논문]

강인구, 「初期 百濟古墳의 檢討」, 『百濟硏究』 22, 1991
강종원, 「百濟 近肖古王의 王位繼承」, 『백제문화』 27, 충남대학교 백제연구소,
    1997
강종훈, 「『三國史記』 新羅本紀 初期記錄의 紀年問題 再論」, 『歷史學報』 162,
    1999
권오영, 「초기 백제의 성장과정에 관한 일고찰」, 『한국사론』 15, 1986
권오영, 「백제국(伯濟國)에서 백제(百濟)로의 전환」, 『역사와 현실』 40, 2001
김기섭, 「漢城時代 百濟의 王系에 대하여-『삼국사기』 백제본기를 중심으로-」, 『한
    국사연구』 83, 한국사연구회, 1993
김기섭, 「백제 한성도읍기 연구동향과 과제」, 『백제문화』 44, 공주대 백제문화연구
    소, 2011
김두진, 「百濟始祖 溫祚神話의 形成과 그 傳承」, 『韓國學論集』 13, 계명대 한국학
    연구원, 1991
김두진, 「백제의 문화」, 백제문화사대계 개설서 『백제의 역사와 문화』, 충남역사문
    화연구원, 1996
김성한, 「백제의 건국과 구태」, 『역사학연구』 56, 호남사학회, 2014
김용선, 「고구려 유리왕고」, 『역사학보』 87, 역사학회, 1980
김원룡, 「三國時代의 開始에 關한 一考察」, 『東亞硏究』 7, 1967
김철준, 「百濟建國考」, 『백제연구』 특집호, 1982
노중국, 「고구려 국상고-초기의 정치체제와 관련하여-(상),(하)」, 『한국학보』 5, 일지
    사. 1979
노중국, 「백제의 정치」, 『百濟의 歷史와 文化』, 學硏文化社, 1996
노중국, 「백제 웅진도읍기 왕계와 지배세력」, 백제학연구총서 12 『백제 웅진기 왕계
    와 지배세력』, 한성백제박물관, 2018
문동석, 「한강유역에서 백제의 국가 형성」, 『역사와 현실』 21, 역사비평사, 1996,

2010

문창로,「백제 시조전승 연구의 성과와 과제」,『한국학논총』34

박재용,「백제의 史書 편찬」,『한국고대사탐구』40, 한국고대사탐구학회, 2022

박찬규,「백제의 마한정복과정연구」, 단국대학교 박사학위논문, 1995

박현숙,「백제 지방통치체제 연구」, 고려대학교 박사학위논문, 1997

박현숙,「3~4세기 백제의 대외관계와 왕권의 추이」,『한국고대사연구』83, 한국고
　　대사학회, 2016

서영일,「漢城時代 百濟 北方交通路」,『文化史學』21, 2004

양기석,「百濟初期의 王位繼承과 王權의 性格」,『湖西文化研究』8, 1989

양기석,「한성시대 후기의 정치적 변화」,『한국사』6, 국사편찬위원회, 1995

양기석,「백제, 언제 세웠나-문헌학적 측면-」, 백제학연구총서 1『백제, 누가 언제
　　세웠나」, 한성백제박물관, 2013

위가야,「백제 온조왕대 영역확장에 대한 재검토」,『韓國史學報』50, 2013

윤용구,「구태의 백제건국기사에 대한 재검토」,『백제연구』39, 2004

이기동,「백제 왕실교대론에 대하여」,『백제연구』특집호, 1982

이기동,「百濟國의 成長과 馬韓 併合」,『백제논총』2, 1990

이기백,「百濟王位繼承考」,『역사학보』11, 1959

이도학,「백제의 기원과 국가발전 과정」,『백제 고대국가 연구』, 일지사, 1995

이도학,「백제의 중앙집권체제 확립과 영역 확대」, 百濟文化史大系 研究叢書 3
　　『漢城都邑期의 百濟』, 충청남도역사문화연구원, 2007.

이병도,「三韓問題의 新考察」,『진단학보』6, 1936

이병도,「上·下加羅의 始祖說話」,『한국고대사연구』, 박영사, 1985

이병도,「三韓問題의 新考察」,『震檀學報』6, 1963

이병도,「近肖古王拓境考」,『韓國古代史研究』, 博英社, 1985

이장웅,「백제 한성기 왕실의 변동과 건국신화의 변화 과정」, 고려대 석사학위논문,
　　2006

이장웅,「백제 계통 자료로 본 졸본부여의 동명신화」,『백산학보』81, 2008

이장웅,「百濟 始祖 仇台·沸流 傳承의 성립과 高句麗·公孫氏 관계」,『백제문화』
　　55, 공주대 백제문화연구소, 2016

이종욱,「백제의 국가형성」,『대구사학』11, 1976

이종욱,「백제왕국의 성장」,『대구사학』12·13, 1977

이종욱,「백제 초기사 연구사료의 성격」,『백제연구』17, 충남대학교 백제연구소,
　　1986

이홍직,「百濟의 佐平」,『진단학보』45, 1978

이희진,「『三國史記』초기기사에 대한 최근 紀年調整案의 문제점」,『歷史學報』
　　160, 역사학회, 1998

정구복,「유학과 역사학」,『한국사』8-삼국의 문화, 국사편찬위원회, 1998

정구복,「삼국시대 유학과 역사학」,『한국고대사학사』, 경인문화사, 2008

정동준,「백제 초기 관제의 성립과정-좌·우보와 좌장·좌평제를 중심으로-」,『역사
　　와 현실』70, 2008

정재윤,「魏의 對韓政策과 기리영 전투」,『중원문화논총』5, 충북대 중원문화연구
　　소, 2001

정재윤, 「初期 百濟의 成長과 眞氏 勢力의 動向」, 『역사학연구』 29, 2007
조관휴, 「백제 한성기의 왕계 변화와 대방군과의 관계」, 『한국학논총』 42
주보돈, 「'한성백제사' 연구의 진전을 위한 몇 가지 提言」, 백제학연구총서 10 『한성 백제사 다시보기』, 한성백제박물관, 2017
천관우, 「삼한의 성립과정」, 『사학연구』 26, 1975
천관우, 「三韓의 國家形成」下, 『韓國學報』 3, 1976
최범호, 「백제 온조왕대의 部연구」, 전북대학교 박사학위논문, 2001

三品彰英, 「骨品制社會」, 『古代史講座』 7, 1963
末松保和, 「朝鮮史(五)」, 『朝鮮行政』 2-2, 1948
前間恭作, 「新羅王の世次と其の名について」, 『東洋學報』 12-5, 1926
池內宏, 「高句麗王家の上世の世系について」, 『東亞學』 38, 1940
津田左右吉, 「百濟に關する日本書紀の記載」, 『滿鮮地理歷史研究報告』 8, 東京 帝國大學 文學部, 1921
太田亮, ㅍ朝鮮古史年代の研究と日韓の關係」, 『日本古代史新研究』, 磯部甲陽 堂, 1928

고대사회에도 쿠데타가 있었는가?

© 조원진, 김진한, 이종록, 홍성화, 박재용, 김희만, 최희준, 임상선

초판 1쇄 2025년 1월 3일
지은이 | 조원진, 김진한, 이종록, 홍성화, 박재용, 김희만, 최희준, 임상선
펴낸이 | 이채진
디자인 | 다함미디어
펴낸곳 | 틈새의시간
출판등록 | 2020년 4월 9일 제406-2020-000037호
주소 | 경기도 파주시 하늘소로16, 104-201
전화 | 031-939-8552
이메일 | gaptimebooks@gmail.com
페이스북 | @gaptimebooks
인스타그램 | @time_of_gap
ISBN 979-11-93933-05-3 (03910)